できる営業は1年目に何をしているのか？

菊原智明
Kikuhara Tomoaki

SOGO HOREI PUBLISHING CO., LTD

はじめに

～結果が出る営業ノウハウを「ベスト100」として1冊にまとめました～

本書を手に取っていただきまして、ありがとうございます。

この本は、世の中にたくさん存在している営業ノウハウの中から〝結果の出る営業ノウハウベスト100〟として1冊にまとめたものです。

1年目の営業スタッフに向けて作りましたが、「基本を見直して結果を出したい」という中堅営業スタッフからベテラン営業スタッフにもお役に立つ内容になっております。

■これから営業をスタートさせるあなたはどちらのタイプですか？

この本を手に取ったということはすでに営業職に就いているか、これから就こうとしている方だと思います。

ここで質問があります。

あなたはどちらのタイプでしょうか?

A　営業に対して前向きでやる気マンマンだ

B　営業に対してあまり積極的ではない

Aを選んだあなたは、この先の文章を読み飛ばし、さっそく目次を開いてください。営業で結果を出すために有効な100の項目が載っていますので、パラッとめくって「今の自分にはこれが必要だ」という内容を見つけてください。

それを**読んでさっそく実行**しましょう。

この本のノウハウをどんどん活かして、結果を出してください。

■営業職に積極的ではないあなたも結果が出せる

Bを選んだあなたは、この先の文章をじっくりと読み進めてください。

私は、営業研修などで多くの1年目の営業スタッフの方とお会いします。その大半が「できれば他の部署の方が良かったけど、配属されたからしょうがない」と思っているのが本音です。営業職はあまりイメージが良くないので無理もありませんね。

しかし、縁あって営業の世界にきたのです。

まずは、営業職に就いたことに対して〝私は本当に幸運だった〟と思うようにしてください。

なぜなら、**営業の知識が今後の人生に大きく役立ってくる**からです。

営業力を身につけたあなたは、これからさまざまな恩恵を受けることになります。

もちろん営業で結果を出すというのもその一つです。

- 目標を達成して自信を持つ
- お客様から感謝される

● 出世して立場が上になる
● 給料やボーナスが上がる

などの評価を得られると、営業スタッフとして満足感を得られます。

それだけでなく、仕事のあらゆるシーンでいい結果をもたらします。しかも、今回選んだ100のノウハウは、誰でも実行可能なものです。

営業に関して積極的ではないあなたも、安心して結果を出すことができます。

■営業力は人間関係でも強力な武器になる

直接モノを販売しなくても〝営業力〟はさまざまなシーンで活用できます。

結果を出している人は、営業力のすごさを知っていてコソッと使っているのです。


例えば、あなたが仕事ですばらしいアイデアを思いついたとします。さんざん考えてやっとのことで企画案をまとめます。それを上司に提出すると、上司はろくに見ないうちに「これじゃ、一部の層にしかウケないよ、ダメだ」とボツになってしまいます。

そんなことが何度か続けば「頑張っても意味ないや。やる気なくなったな」とモチベーションが下がるものです。

その一方、同じようなアイデアでも聞き入れてもらえる人も存在しています。企画書を出せば上司から「なかなかいい案だな。これを具体的に進めていこうか」と簡単に通るのです。

ある人が出せばダメで、別の人が出せばＯＫ。

会社ではこういった理不尽で納得のいかないことがあるのです。

あなた自身も「なんでアイツだけが……」と、悔しい思いを一度や二度は経験したこともあるでしょう。

社内の人たちはすべての人たちを平等には扱ってくれないのです。この違いはズバリ〝**営業力**〟**の差**なのです。

■結果を出すための営業ノウハウは意外に簡単

営業力が大切だ、と聞いて「確かにそうかもしれないが、なんか難しそうだ」と思ったかもしれません。

もちろん経験を積まなくてはできないノウハウやテクニックも存在しています。一握りの天才営業スタッフだけしかできない属人的なやり方もあります。あなたの会社にも特殊なやり方で結果を出している人もいるでしょう。

それは**一つの面白いエピソードとして知っておく程度でいい**のです。

実は、**ほとんどの結果を出すためのノウハウは、シンプルであり、簡単**です。聞けば「なるほど、確かにやった方がいいよね」といったイメージでしょうか。要するに、**誰にでも実行可能な〝ちょっとしたこと〟**なのです。それを知っているか知らないかの違いでしかありません。

そして、あなたは今からその営業ノウハウについて本書で知ることになるのです。

■多くのノウハウから100項目を厳選

インターネットで検索すれば、いろいろな営業ノウハウを見つけることができます。しかし、溢れかえる情報の中で〝どれが本当に効果的なのか〟を見極めるのは至難の業です。そこで、営業コンサルタントとして約20年の経験をもとに100項目の〝結果を出すためのノウハウ〟を厳選しました。

また、重要度として「★」「★★」「★★★」の三段階に分けております。こちらも併せて参考になさってください。

さらに、各章の終わりには「できる営業心理学テク」と題したコラムも入れました。100項目の本編でも、心理学に基づいた営業テクニックをふんだんに盛り込んでいますが、そこに入りきらなかった、それでもぜひ営業活動をする上で知っておいてほしい営業心理学テクニックをコラムで紹介しています。

では、このまま、次の目次をごらんください。

サッと目を通しただけで「これから読んでみたい」という項目が必ず見つかります。

二つ三つ読んだだけでも、営業のネガティブなイメージがポジティブに変わっていくでしょう。

そして、あなたがこの本をきっかけにして、活躍できる営業スタッフになることを願っております。

営業コンサルタント
関東学園大学　経済学部講師
菊原智明

2章 リモート営業のコツ

3章 新規開拓、アプローチ

4章 初回面談 接客、トーク編

5章 ヒアリング編

6章 商談編

7章 クロージングのスキル

8章　アフターフォロー・紹介のスキル

9章　モチベーション

10章 売れ続けるための考え方・習慣

装丁／木村勉
本文デザイン・ＤＴＰ／横内俊彦
校正／矢島規男

1章

営業の基本・営業マナー

1 〝経験がないから自信を持てない〞の乗り越え方

★☆☆

新人営業スタッフから「経験がないのでどうしても自信をもてません」といった相談をよく頂きます。

例えば、一件も契約していない新人営業スタッフがいたとします。そんなスタッフが胸を張って「安心して私にすべてお任せください！」とお客様にはなかなか言えないものです。お客様も「新人の営業スタッフの練習台にされたくない」と考えたりするもの。これが新人営業にありがちな〝契約の壁〞として立ちはだかります。

〝経験がないから自信を持てない〞そして〝自信がないから売れない〞では、いつになっても先に進めません。初契約まで遠くなってしまいます。

現実問題として、現時点で契約がゼロであれば〝経験がない〞という事実を変えることはできません。

しかし、**考え方は変えられます。**

経験がないということはお客様視点に限りなく近いとも言えます。新人であれば経験がないのだから〝疑問や不明点をお客様と一緒になって解決する〟と考えてみてはいかがでしょうか。初めてのことばかりですから、当然必死に勉強して一つ一つ丁寧に行うはずです。もちろん一人で勝手に進めるのではなく、先輩や上司にサポートしてもらうようにしてください。

また、実は一定の割合で〝偉そうに上からものを言ってくるベテラン営業スタッフより**新人営業スタッフの方が好きといったお客様が存在しています。**私の初契約もこのタイプのお客様でした。

経験がないということはむしろ有利で「自分の強み」なんだと考えるようにしましょう。これだけで〝経験がないから自信を持てない〟の壁を突破できるのです。

POINT

経験がない＝「強み」と考える

2 好感をもたれる見た目でトップ10％に入る

★☆☆

営業活動だけでなく仕事において、結果を出すために〝見た目が非常に重要である〟ということはほとんどの人が知っているでしょう。ただ、それを知っていたとしてもキチンと実行している人はほとんどいません。実際は見た目について軽視していると思われる人が数多くいるのです。

特に**服装については世代間ギャップがあります**。

20代の人が問題ないと思うことでも、50代からすると〝なんてマナーができていないんだ〟と思われることもあります。ですから、同世代だけでなく**幅広い世代にウケる見た目を心がけてください**。お客様の目は厳しく「見た目はチャラいけど、中身はしっかりしているかもしれない」などと思ってはくれません。

見た目で悪い印象を持たれれば、商談のチャンスを得ることはありません。これに気がつかない限り、永遠に損をし続けます。

全くマナーができていないのにもかかわらず、成績は抜群、型破りで伝説的な営業スタッフは存在します。ただそれは例外で、真似をしてもうまくはいかないもの。**見た目に気を遣い、清潔感がある身だしなみのスタッフが圧倒的に有利**であることは間違いありません。

結果を出している営業スタッフは見た目に関して細心の注意を払っています。

しかし、新人営業スタッフの中でそれができているのは10人に1人くらいです。ということは、それができた時点でトップ10％に入れるということになります。

商談テクニックやクロージングトークの習得は簡単ではありませんが、服装は今から実行可能です。**見た目や服装を変えただけでチャンスが広がる**ということを知っておいてください。

次の項から、お客様から好感をもたれる服装やツールについて紹介していきます。

POINT

服装は営業成績にかなりの影響力があると知る

3

ネクタイは青で誠実なイメージ、赤で情熱的なイメージを与える

★★☆

営業スタッフにとって「スーツ」は、言わばビジネスという戦場で戦うためのユニフォームです。スーツをかっこよく着こなすか、だらしなく着るのかで、お客様に与える印象が天と地ほども変わってきます。

そんなスーツの胸元を演出するのがネクタイです。ネクタイの役割は大きく、最も相手の目を惹くポイントでもあります。ノーネクタイでもいいという会社もありますが、私はネクタイをすることをおススメします。特に**若い営業スタッフはネクタイをすることで印象が良くなる**からです。

ネクタイの締め方にもポイントがあります。

ネクタイの先がベルトにかかるかかからないかの長さで締めてください。長すぎるのも短すぎるのも見栄えが良くありません。ネクタイがスーツの下からはみ出してい

ると、だらしない印象を与えます。それだけでチャンスを失ってしまうのです。

また、色のチョイスで、お客様に違った印象を与えられます。

- 青……冷静、誠実なイメージ
- 赤……熱意、情熱的なイメージ
- オレンジ……コミュニケーション能力が高いイメージ
- 緑……平和主義者、穏やかなイメージ

初対面のお客様には青色のネクタイで臨み、クロージングでは赤色のネクタイをするなどシーンによって使い分けるようにしましょう。

POINT

シーンによってネクタイの色を使い分ける

4 あなたのビジュアルをアップさせる方法

★★☆

「あなたは知らず知らずのうちに服装で損をしている」と聞いてどう思いましたか？　服装に関してはなかなか自分で気づきにくいものなのです。自分では普通だという認識だとしても、お客様から「うぁ、センス悪い……」と思われているかもしれません。見た目で悪い印象を持たれれば、次のステップには進めません。どんなに営業ノウハウを学んでも結果は出にくくなります。

例えば、あなたの前にピチピチで寸足らずのズボンをはき、ボタンがギリギリとまるスーツを着た営業スタッフが現れたらどう思いますか？　ほとんどの人は「あぁ、こういう人とは、まともに話をする気になれない」と思うでしょう。

結果を出している営業スタッフは見た目で好印象を与える工夫をしています。営業で**結果を出すために好印象を持たれる服装を心掛けてください**。そう言われて「自分には服装のセンスがない」もしくは「自分ではいいか悪いか判断できない」という人もいるでしょう。では、具体的にどうすればいいのでしょうか？

まずは服装について〝客観的〟にチェックしましょう。ご家族と一緒に住んでいるのなら「この服装でお客様にいい印象を与えられるかな？」と家族に聞いてみます。家族なので遠慮なしに意見を言ってくるかもしれませんが、腹を立てずにしっかりと聞いてください。

一人暮らしであれば、鏡に向かってスマホで写真を撮り、友人に送るのもいい方法です。会社にいる仲間でも構いません。

ちょっとしたところを修正しただけで格段に印象が良くなったりします。

ぜひ今日からやってみてください。

POINT

服装について客観的なアドバイスをもらう

5

お客様に好印象を与えられるアイテム　ベスト3

★★☆

お客様は営業スタッフの持ち物をよく見ています。持ち物一つで「この人は仕事ができそうだ」と思われることもありますし「期待できない」とガッカリされることもあります。トークや提案でお客様の心をつかむ前に、持ち物で期待値を上げましょう。

■好印象を与えるアイテム1　カバン

奇抜な色やデザインのものは避けた方が無難です。汚れていたり使い古されていたりするカバンも避けてください。黒か茶色の落ち着いた色のカバンを選び、よく手入れをしておくといいでしょう。いいカバンは好印象を持っていただけます。

■好印象を与えるアイテム2　腕時計

営業スタッフのアイテムの中で一番個性が出るのが腕時計です。高級時計はちょっと嫌味ですし、かといって安っぽい時計もガッカリされます。誠実さをアピールするなら白のフェイスに黒いベルトの時計がいいでしょう。また、スマートウォッチのような時計で都会的な雰囲気を演出してもいいと思います。

腕時計は、プライベート用と分けて使うようにしてください。

■好印象を与えるアイテム3　ボールペン

ボールペンは、少し高いものを使うことをおススメします。安物の筆記用具を使っていると「仕事にこだわりがないんだろうな」といった印象を与えてしまうことがあるからです。特に高額商品を扱っている人は、高額な筆記用具を用意するようにしてください。

筆記用具はカバンや時計に比べれば安く購入できます。高いものに変えると、お客様からの印象はもちろん、書きやすく仕事もはかどります。

POINT

次の給料日にどれか一つ買い替えてみる

6

★★☆

自分の価値を上げる靴のメンテナンスと靴の揃え方

ビジネスマナーでは必ず〝マナーは足元から〟といった話が出てきます。営業では特に言えることです。どんな靴を履いているか、どう履きこなしているか、というところで営業スタッフのレベルが分かってしまうのです。

私は、長年営業をしていたせいか、営業スタッフの靴の扱いは特に気になります。

以前お会いした営業スタッフは、玄関の土間で靴を脱ぎ、手ではなく片方の足で雑に靴を端に寄せました。その靴も汚れていました。そんな所作を見ると、「この人とは付き合いたくないな」と思ってしまいます。

その逆のケースもあります。

その営業スタッフは、丁寧に靴を脱ぎ、玄関ホールに上がってからキチンと手で靴を揃えて置き直しました。その靴は磨かれてキレイです。その姿を見た瞬間に、「この人なら安心だ」という印象を持ちました。

お客様は営業スタッフの靴をよく見ています。ブランドや値段の高い安いということではなく、常にきれいに手入れをしましょう。

- ブラシなどを使ってほこりを取る
- シューズクリームで磨く
- シューキーパー使う

といった通常のケアでいいのです。

靴を脱いだときの揃え方も気を配ってください。お客様にお尻を向けず、半身で行います。脱いだ靴を玄関の隅の方に寄せるのも、忘れないようにしましょう。

POINT

靴磨きセットを購入し、磨いてみる

7

一瞬で〝売れている営業スタッフの顔〟にするワザ

★☆☆

知人の紹介で健康系の商品を扱っている営業スタッフとお会いしたことがありました。初めはいい印象だったものの「この人からはあまり買いたくないなぁ」と思うようになります。その理由は、肌が乾燥していて不健康そうに見えたからです。

健康系の商品を扱っているにもかかわらず、不健康な雰囲気では説得力がありません。もう少し健康的な雰囲気だったら購入していたでしょう。

見た目が健康そうかどうかということは、どこの営業スタッフにも言えます。あなたが何か商品を検討するとして「いかにも不健康そうだ」という営業スタッフから話を聞きたいと思うでしょうか？　よほどその会社の商品を希望していない限り「似たような商品があるし、他の会社にしよう」と思うものです。

トップ営業スタッフはエネルギッシュです。血行が良く〝いかにも健康だ〟というオーラが漂っています。この話を聞いて「確かにそうなんだろうけど、自分はそんなタイプじゃない」と思った人もいるかもしれません。そんな人のために一つワザをご紹介します。

私がハウスメーカーの営業スタッフ時代に上司は、お客様に会う前に**保湿クリームを塗る**といったことを習慣化していました。理由を聞くと「顔にツヤがあった方が好印象を持ってもらえるから」と言いました。実際、クリームを塗った後は健康的に見えました。これで、お客様との商談をいくつもまとめていたのです。

「クリームを塗れば魅力度が上がる」という自己暗示にもなります。

ぜひお試しください。

POINT

保湿クリームを塗ってからお客様に会う

8

営業初心者でもなんとかなるバックトラッキング

★★☆

あなたが誰かと話をしていて「いや、それは全然違うと思います」と全否定してきたらどうでしょうか？　まず、良い印象を持つことはないでしょう。たいていは、「この人とはこれ以上話をしたくない」と思うものです。人は誰でも自分の話をよく聞いてもらいたいですし、共感してもらいたいと思っているものです。

できる営業スタッフは、お客様（相手）の話をよく聞いて共感してくれます。例えば「最近、疲れが抜けなくて」と言ったことに対して、「最近、疲れが抜けないんですね」と復唱したりするのです。共感してくれる相手には「私の話をよく聞いてくれている」「キチンと理解してくれている」と感じ、好感をもつのです。

この対応を**バックトラッキング**と言います。**バックトラッキングはいわゆる、オウム返しのことで、相手が言ったことをそのまま言い返す**ことです。営業の場面で非常に効果的なテクニックです。

お客様と話をしていて「ちょっと高いんじゃない」などと否定的なことを言われたとします。ベテラン営業スタッフならうまく処理しますが、新人営業スタッフであれば思わず「いやいや、そんなはずありません。A社やB社の方がもっと高いですよ」などと反論してしまうものです。しかし、これではお客様はいい印象を受けません。どんなに言い訳をしたくても、まずは「なるほど、高いということですね」とバックトラッキングするのです。

すると、間違いなく関係性は良くなります。

どんな話でも、お客様の言ったことをバックトラッキングしてみましょう。

これだけで営業の形になります。

POINT

相手の話に対して大きくうなずき一度受け止める

9

配属初日からしっかりした営業スタッフの雰囲気を出す方法

★★★

新入営業スタッフ時代に上司から「会社の顔という意識を持って応対するように」と何度も言われたものです。その時はピンとこなかったものの、今ではそれがよく分かります。

お客様は目の前の営業スタッフを会社の代表として判断します。ベテランなのか新人なのかは関係ありません。一人の営業スタッフのずさんな対応ひとつで、会社が築き上げてきたブランド力を一瞬で粉砕してしまうこともあるのです。

私の知人は外車好きで、高級車を何台も所有しています。ある時、車が汚れたので洗車のサービスを受けようとディーラーに行くと、新人営業スタッフがダルそうに出てきて「洗車ですか、お待ちください」と言ってきます。しかし、なかなか呼ばれません。15分を経過したところで知人は黙ってお店を出たそうです。そして知人は、その車をすぐに売り払い、その会社の車を購入することもやめたそうです。

新人営業スタッフとすれば「新車の購入じゃないし、まあ適当に対応しておけばいい」と判断したのかもしれません。ここで、この会社は大切なオーナーさん（お客様）を失ったのはもちろん、「あの会社のサービスは悪い」と印象を与え、悪評が広がってしまう可能性すらつくってしまいました。実際、知人は身近な人に「絶対にあのメーカーはダメだ、あそこの車は買わない方がいい」と話しています。

身近な人からの口コミ情報は強力です。このように一人の営業スタッフの振る舞いが、会社の存続を危うくしてしまうことだってあるのです。

お客様は対応した人をその会社のフロントマンとして判断します。バイトでも新入社員でもプロ意識を忘れないでください。その決意を持つだけでお客様から「しっかりした営業スタッフだ」と思ってもらえるのです。

POINT

営業活動においてどんな時も〝会社の代表〟ということを忘れない

10

ノルマを達成する人、しない人の違い

★★★

営業には〝ノルマ〟がつきものです。ノルマとは会社から割り当てられた数字の目標のことです。営業職の人にとって、ノルマに関してどう考えるかは重要です。

では、ノルマを達成できる人とそうでない人は何が違うのでしょうか?

その違いはズバリ、**しっかりと期限を決め、具体的な行動目標として落とし込めているかどうか**なのです。

例えば、ダイエットに何度も失敗に終わるという人は「今の体重を少し落として体を軽くする」といったフワッとした目標を立てます。具体的な数字もありませんし、期限もありません。これではやる気も起こらず気づいた時には「まあ、増えていないからこのままでもいいか」となってしまいます。

その一方、目標を達成する人は「今の体重を30日後までに5キロ落とす」と具体的な期限と数字を出します。「1カ月に5キロということは、1日150〜200グラムのペースで落としていけば達成できるぞ」と計算を立てることも可能になります。

このように数字が明確になると行動が変わり、目標を達成できるのです。

具体的な数字目標と期限がモチベーションをアップさせるということをトップ営業スタッフはよく知っています。

「20日後までに契約を取る」→「契約を取るために1週間で50件のアプローチが必要」→「1日10件、メールと電話をする」

と、具体的に行動計画が立てられるようになります。

新人の人は、まず期限を決めましょう。そして稼働日を計算し1日の具体的な契約を立てていくのです。「目標達成のために今日は○○をする」と明確になったとき、達成率は格段にアップします。

POINT

期限までの稼働日を計算し1日にする行動を決める

できる営業心理学テク

鉄アレイと綿あめはどちらが重い？
心理的錯覚がやる気を上げる！

質問です。1kgの鉄アレイと1kgの綿あめを持ったら、どちらを重く感じるでしょう？　鉄アレイと思ったあなたには、見た目などの“イメージで”重さの判断が変わる心理的錯覚の「シャルパンティエ効果」が起きています（答え：どちらも同じ重さ）。この心理現象は、“仕事のやる気アップ”に活用できます。例えば「売り上げ目標、今年度１億円」と言われたら、最初から無理と思いがちです。そこで「１年で１億円」→「月に830万円」→「300万円の契約を月に３件」と分割してみましょう。さらに「契約３件なら10件の見込み客が必要」→「3日に１件の見込み客を探す」と１日あたりまで細分化すると実現度が高まり、やる気も出ます。目標の細分化は、心理的抵抗を小さくしたいときのシャルパンティエ効果の活用例です。

⇨ もちろん商談などでも使えるテクニック

高級、高額なモノを商談する際、例えば住宅ローンを組まれて家を購入されるときなど、総額がわかった後に「月々のお支払いは、アパート代（今の家賃）にプラス5000円足すだけです」と伝えると、総額◯千万円より、お客様の心理的抵抗は小さくなり、安心するとともに購入意欲が高まります。

2章

リモート営業のコツ

11 これから学ぶべきことはリモート営業

★★☆

新人営業スタッフとして、**「今」最も重視すべきことはリモート営業**といっても過言ではありません。対面で行っていた営業活動から Zoom や Teams を使ったオンライン上での営業が増えたからです。

対面営業で結果を出すコツがあるように、リモート営業で結果を出すコツもあります。それを本章で紹介していきますので、ぜひ、マスターしてください。

まず、対面営業とリモート営業の違いは〝相手が承諾しないと絶対に接触できない〟ということです。リモート営業では、お客様に強引に話をすることができません。メールで Zoom の URL を勝手に送りつけ「10時よりこちらでお待ちしております」と伝えても、入ってきてくれるお客様はまずいません。

要するに、リモート営業は**お客様優位の状況**なのです。それを踏まえて、「どうやったら承諾が取れるか」と考えることで、いろいろな発想が生まれてきます。

あなたがお客様の立場として考えてみましょう。どんな営業スタッフだったら時間を取って話をしたいですか？　少なくとも〝勝手に要らない商品を売り込んでくる〟といった営業スタッフと話をしたいとは思わないはずです。

その逆に〝役立つ情報が手に入る〟と判断したらどうでしょう。時間を取って話をする可能性は高まります。

まずは、**どうすればお客様に役立てるのかという観点でアイデアを出してみてください**。後の営業活動がガラッと変わってくるはずです。

POINT

リモート営業ではどうやったら必要とされるか考える

12

リモート営業で〝価値ある存在〟になる方法

★★★

　リモート営業では、お客様から「この営業スタッフなら時間を取って話をしてもいい」と思ってもらうことが重要になります。そのためのアプローチとして、事前にお客様やクライアントにお役立ち情報などを送り、興味と信用をもってもらうことを考えます。

　アプローチは、デジタルツールのSNS、メール、メルマガ、ブログ等が主流です。ただ、デジタルツールは飽和状態にあるため、お客様に送っても埋もれる可能性が高いです。そこで、手紙や郵送物といった**アナログツールでのお役立ち情報を提供していくことを考えてみましょう**。アナログツールを活用してリモートでの面談のチャンスを勝ち取るというイメージです。

「先方に送る情報」というと〝3日間限定で30％引きキャンペーン〟などと反応を煽る内容を送りがちになります。実際、私のところにくるDMなどもこういった内容ばかりですが、するともう開封すらしませんよね。「いつもの売込みね」と思うだけで、信頼も築けません。これではせっかくの情報提供が逆効果になります。

そうではなく、**お客様に対して本当の意味で役立つ情報を送りましょう。**

- すでに購入した人からのアドバイス
- 買ったお客様の「買う前にこれを知りたかった」という情報
- お得に購入する知恵
- 商品の意外な使い方

こういった情報なら他の営業との差別化もできますし、信頼も築けます。

さっそくあなたが扱っている商品に関して〝お役立ち情報〟を考えてみてください。

一人ではなく仲間と一緒にアイデアを出し合うといいものがつくれます。

POINT

本当の意味で役立つ情報を提供する

13 リモートで結果を出している人をモデリングする

★★☆

近年はリモート営業、そして、画面越しでの打ち合わせが増えました。

仕事の依頼を頂いたときのことです。細部の打ち合わせのため、Zoomで担当者と話をしたところ、滑舌があまり良くなく、そのうえ早口で聞き取りにくいことがありました。担当者はいい人なのですが、画面越しのやり取りではすごく損をしていると感じました。

心理学に「メラビアンの法則」というものがあります。この法則によると、**人が情報を受け取る度合いは、視覚情報55％、聴覚情報38％、言語情報7％という配分**なのだそうです。視覚情報が一番影響力は大きいのですが、聴覚情報も全体の約4割と影響力が大きいのです。リモート営業では、お客様と画面越しになるため視覚情報の影響は対面より小さくなります。そしてその分、聴覚情報の影響力が増します。ということは、今後、**リモート営業で結果を出すためには〝画面越しに伝わる話し方〟をマスターする必要がある**ということになります。

そのためにいい方法があります。

それは**すでにリモート営業で結果を出している人を見て真似をする**ということです。

対面の営業では「できる営業スタッフの外見」を中心にモデリングしてきましたが、リモート営業では主に「画面越しで応対して結果を出している人の話し方」をモデリングしましょう。

まずは、身近で〝リモート営業で結果を出している人〟を見つけます。その営業スタッフの様子を録画したものをもらうようにしてください。実際のお客様とのやり取りが難しければロールプレイングの動画でも構いません。それを繰り返し見て、話し方のコツをマスターしてください。

POINT

リモートでは〝聴覚情報38％〟の比率が大きくなる

14

リモート営業は1回目のメールの文章で勝負が決まる

★★☆

3章で詳しく紹介しますが、**対面営業は出会いの15秒で決まる**と言われています。そこでコケれば次のステップはなかなか難しくなります。では、リモート営業はいつ勝負が決まるのか？　これも「初めて接点を持ったとき」です。例えば、初めて見たメールの文章がキーポイントになるということです。

以前、私がお世話になっていた担当者が異動になり、新人の方に担当替えになったことがありました。その新人の方に挨拶のメールを送りましたが3日経っても返信がありません。そこで再送すると「てっきり返信したものだと思っていましたが、うっかり忘れておりました」といった内容のメールが返ってきました。しかも菊原様ではなく、菊川様と名前が間違っていたのです（まあ、よく間違えられるのですが……）。新しい担当者から頂いた初めてのメールがこれだと、印象は良くありません。

心理学に「ハロー効果」というものがあります。これは、**ある一つの特徴について いい印象を受けると、他のすべてに関して実際以上に高く評価するという心理が働く**というものです。実は、ネガティブな方向にも働きます。一つ良くない印象を持つと、他のすべてを実際以上に低く評価してしまうのです。一回目のメールで良くない印象を持ってしまったせいか、担当者とは最後までうまくいきませんでした。

リモート営業ではメールで何度かやり取りをしてから話をすることになります。その一回目のメールの対応でその後どうなるかが決まります。対面営業では第一印象が重要だったように、リモート営業では一回目のメールの印象が大きく影響します。送るタイミングや文章（内容）など、細心の注意を払って送るようにしましょう。

POINT

初めてのメール対応に細心の注意を払う

15

リモートの商談では、前もって資料を送り、2回リマインドする

★☆☆

リモート営業（商談）はコスパ（コストパフォーマンス）やタイパ（タイムパフォーマンス）が良く、たくさんのメリットがあります。しかし、デメリットもあります。資料をお客様と同じ環境で見られないということもありますし、アポイントの約束自体を忘れられてしまうことも起こるのです。そうならないための工夫が必要です。

まずは、**リモートの商談で使う資料を前もって送っておきましょう**。これは、事前に目を通してもらうためです。資料をパソコンなどの画面上で共有することもできますが、相手の画面が小さかったり、スマホだったりするときもあります。これでは、なかなか伝わりづらいことが出てしまいます。

事前に送っておけば、お客様によってはプレゼンの前に資料をよく読んでいたり、商談が始まってすぐに「だいたいこの線でいいので契約を進めてください」というこ

ことも起こるのです。お客様が資料を見て勝手に契約を決める、これもリモート営業のメリットの一つです。

また、**リモートでの面談は対面より日程を早く忘れられる確率が高くなります**。ですので、最低でも2回はリマインドメールを送るようにしましょう。

以前Zoom面談で2回リマインドをくれた営業スタッフがいたのですが、「本当に気づかいができる人だ」という印象をもちました。面談前からかなりのプラスポイントだったのです。

リモートの商談では数日前に関係資料と共に日程、時間、Zoomの紹待URLを送ります。そしてZoom商談が始まる前に「14時15分からのアドレスを再送しておきます」と再度送るのです。

リモート営業は対面の2倍、丁寧にリマインドすることを心がけてください。

POINT

2回リマインドすれば丁寧な印象を植え付けられる

16

リモート営業の面談時間は対面の50％にする

★★☆

リモート営業の持ち時間は、対面営業の半分くらいと考えましょう。

商談前のアイスブレイク（緊張をほぐす）のための雑談は対面営業では5～10分でも苦になりませんが、リモート営業では3分でも長く感じます。リモート営業の場合、雑談の時間は3分以内にとどめるようにしてください。

今までの対面営業では「商談時間はだいたい1時間くらい」といったあいまいなケースがほとんどでした。話が盛り上がればだいたい長引きます。話をしていて「あれ、もう20分も予定時間が過ぎちゃった」なんていうこともよくありましたし、それをよしとして上司から「おっ、時間オーバーしたのか。よかったな」と褒められたりしたものでした。

しかし、リモートの商談は〝10時～10時40分まで〟とスタートと終わりがはっきり決まっているケースが多いです。商談内容・時間を考えて進めないと、後から「全然時間が足りない」となってしまいます。

そのためには **〝一回の会話の長さ〟を短めにする意識**を持ってほしいのです。これは意外に多くの営業スタッフが気づいていません。説明に夢中になるあまり、3分も5分も話し続けてしまうのです。

対面営業では〝お客様が話に飽きている〟ということが肌で感じられますが、リモートでは感じにくくなります。お客様がうんざりしていることも気づきにくいのです。新人営業スタッフのうちは話に夢中になるばかり、お客様のことが見えにくくなります。伝えるべきことを前もって絞り込み〝対面営業の50%の時間〟で終わらせる意識をもつようにしてください。

POINT

前もって説明することを厳選しておく

17 リモート営業でキッチリ時間内に収める方法

★★☆

前項でも触れましたが、リモート営業では商談時間が短く、また意識していても時間がすぐ過ぎると感じます。そのため、始めに雑談などで和ませるより「これからするご提案は御社のランニングコストを15％削減できる方法です」などと本題からすぐ入りましょう。余計な時間経過もなく、話の筋もそれませんし、先方にも喜ばれます。

契約書や社外秘情報などは別として、前もって必要な資料をお客様に送っておき、予習をしておいてもらえれば、短時間で話を進めやすくなります。**リモート営業では、できるだけ打ち合わせの時間を節約する工夫も必要**なのです。

しかし、こちらが話を進めようとしても、お客様によっては話がどんどんそれていくタイプの人もいます。新人営業スタッフの場合、それに翻弄されて商談が失敗に終わるケースもあります。そうならないよう、あらかじめ決められた約束の時間内で収まるようにスケジュールを作っておき、シミュレーションもしてみます。

- アイスブレイク：2分
- プランの提案：10分
- 変更・ヒアリング：15分
- 次の課題の確認：5分

このように時間配分を決めておくのです。スケジュールを作った上で、タイマーを利用すればさらに安心です。相手がいることなので完璧には進められませんが、ある程度決まっていれば安心して話が進められます。

リモート営業の成功の秘訣はスケジューリングです。商談前にスケジュールを立ててシミュレーションしてみてください。

POINT

本番の前にロープレをしておく

18

カメラ付近に写真や画像を貼って商談する

★☆☆

営業スタッフの方と個人コンサルをさせていただいたときのことです。

この営業スタッフの悩みは「リモート営業がうまくいかない」ということです。商談をする際、画像をオフにしているお客様が多いと言います。相手のリアクションが見えず、うまくコミュニケーションもとりにくいと、悩んでいました。

そこでまず、営業スタッフ側のパソコンのカメラ付近にお客様の顔写真を貼り付けてもらうようにしました。たとえ画像がオフでも気持ちが入りますし、カメラ越しの目線もいい感じになります。お客様の顔写真がない場合はネットでそのお客様に年代が近い人物の画像を探し、印刷してカメラ付近に貼るようにしてもらいました。さらに気持ちが入るようにと、印刷した画像の下にお客様の名前を書いて貼るようにします。

それから1カ月後に「以前より断然気持ちが込められるようになって、結果が出るようになりました」という報告を頂きました。何もない画像を見て話をするより、イメージだとしても顔が見えた方がいいのです。

リモート営業でのメリットの一つとして**対面よりお客様と目を合わせやすくなる**ということがあります。

対面では、お客様の目をしっかり見ることができなくても、画面越しならカメラ目線で話せるのです。さらに、リモート営業の場合、しっかり目を見た方（カメラ目線）が説得力が増します。

Zoom商談で画像をオフにするお客様と話をするなら、カメラ付近に写真やイメージ画像を貼ってみてください。ずいぶんと話がしやすくなりますし、気持ちがこもるようになります。

POINT

カメラ付近にお客様の写真もしくはイメージ画像を貼る

19

リモート営業ではリアクションを対面営業の2倍にする

★★★

あなたが話をしているときに相手が無反応だったらどうでしょうか？　おそらく会話は3分ともたないでしょう。**どんなにツールが便利になっても、お客様のリアクションがなければコミュニケーションは取れない**のです。

これは営業スタッフ側にも言えます。自分ではうなずいていると思っていてもお客様に伝わっていないこともよくあります。そこで、画面の向こうの相手に伝わるように、うなずきを対面営業より大きくしましょう。イメージは「通常の2倍」くらいでいいのです。Zoomなどのツールは自分の表情や動きを見ながら話しをすることができます。それを見つつ、うまく調整しながら商談を進めてください。

リモート営業でのやり取りを録画して、後でチェックすることもおススメです。この際、商談内容だけでなく、自分の姿も同時にチェックしてほしいのです。これは案外照れるもので、自分の話している姿を見たくないという人も少なくありません。私も、録画した自分を見たことがありますが、その姿を見てショックを受けたものです。その時はつらかったものの、そのおかげで改善点がいくつも見つかりました。

リモート営業では、うなずきを大きくするなどして、お客様が話しやすい雰囲気を話以外でも伝える努力をしましょう。そのために、まずはリモート商談、リモートでのコミュニケーションを録画してチェックしてほしいのです。

これは今後のリモート営業の大きな学びになります。

POINT

リモートでの自分の姿を録画してチェックする

20

リモート営業では映り方が決め手になる

★☆☆

対面営業では身だしなみを整える必要がありますが、リモート営業では、こだわるポイントが少し異なります。その押さえる2つのポイントを紹介します。

一つ目の**ポイントは「照明」と「カメラ」**です。

カメラ映りを良くしようと思ったら、なんといっても光が大事です。自宅でノートパソコンを使っているのでしたら、移動して日光や照明が顔に当たる場所を探しておきましょう。逆光にならないよう商談前に良く映る位置を探しておいてください。

私の知人の女性は、自分がキレイに映るように、パソコンにライトを設置しています。部屋の照明だけで足りないときに光を足すために使っているそうです。さらにはパソコン内蔵のカメラ以外に外部カメラを用意し、〝自分が一番良く見える角度〟に調整しています。実際Zoomでお話しする際、その女性だけ顔色や肌質が良く、非常に魅力的に映し出されます。悪い角度で映って老けて見える人と若くハツラツとして映る人は大違いです。

もう一つは「**背景**」です。

背景は、リモート営業において非常に大切です。私は、大学の授業や研修で「クレショフ効果」という心理を紹介しています。これは、簡単に言うと〝何と一緒に写っているかでその人の印象が決まる〟というものです。

背景が、散らかった事務所と本棚ならどちらが好印象でしょうか？　もちろん、本棚の方が一緒に映っている人の価値が上がるのです。

もちろんバーチャル背景でも構いません。ただし、お客様に信頼してもらえるような背景を選んでください。

この２つのポイントを押さえれば、リモート営業でいい結果を出すことができます。

POINT

カメラと背景で魅力度をアップさせる

できる営業心理学テク

「お得」「役立つ」と思われると、メールの開封率が飛躍的に上がる!?

同じ発信元から売り込みのＤＭが頻繁に届くと、発信元や件名を見ただけでも「ああ、またセールスＤＭか」と開きもせずにゴミ箱に入れる人は多いでしょう。このように発信元や件名といった情報が次の行動（行為）を促す契機になることを心理学で「アフォーダンス」といいます。たいていの営業メールは、このように見てもらえないことが多いもの。ただ、アフォーダンスを利用してメールの開封率を上げるワザがあります。

⇨ 真っ先に開封してもらえる存在になる

まず、件名に“相手がお得に思うであろう情報”を端的に入れます。そして、メールの本文にも“お得情報”を必ず入れます。要は、“相手の役に立つ情報”を絶対に入れるのです。これは、仕事先とやり取りする通常のメールでも意識しましょう。これを繰り返すと、受け取った相手が「あっ、お得情報の方からのメールだ、やった」と楽しみにしてくれます。“いい情報が手に入る”という情報を相手に提供（アフォード）できれば、相手はメールを真っ先に開封してくれるようになるのです。営業メールでは開封率が上がり、仕事のメールでは、相手とのやりとりのスピードが格段にアップします。

3章

新規開拓、アプローチ

21

経験が浅くても「この人はできる」と思ってもらえる方法

★★☆

結果を出している人は、営業の基本的なことをしっかりと押さえています。これは新人でもベテランでも変わりがありません。

若い営業スタッフからアプローチを受けた時のことです。見た目は若いものの、ビジネスマナーもしっかりできていたものの、経験の浅さは否めず「この人と付き合うことはないだろう」と思っていました。

この営業スタッフと別れ、帰っている時に私のメッセンジャーに「先ほどはお会いさせていただきましてありがとうございました」というお礼のメッセージが届きます。それを見て「デジタルツールをうまく使っているな」と感じました。家に帰ってパソコンのメールを開くとそこに「本日、お伺いした内容で提案書を作らせていただきます」というメールが届いています。このメールを見て「動きが早いな」と好感を持ちました。そしてその翌日、「ご提案の件」という件名で、提案書のメールが届いていたのです。これには驚きました。

「ＳＮＳ→メール→ご提案」と、24時間内に３回も接触してきたのです。これだけの接触を実行している人はなかなかいません。

意外に思うかもしれませんが、多くの営業スタッフは、名刺交換をしてもお礼メールを送ってきません。そんな中、３回も丁寧にメッセージをくれたら間違いなく好印象を持ちます。

新規開拓をしてお客様に出会ったら、その後24時間以内にＳＮＳやメールで３回メッセージを送ってください。

新人営業スタッフだとしても「この人はできる」と思ってもらえます。

POINT

24時間以内に3回メッセージを送ってみる

22

ザイアンスの法則で確実に親密度を深める

★★☆

営業する上での対人心理術で一番メジャーと言ってもいいのが「ザイアンスの法則」です。これは、**人間は知らない人には攻撃的で冷淡な態度をとり、逆に、会えば会うほど好意を持つようになる**というものです。営業で結果を出すために使える最も強力な心理術の一つです。

人は、知っている人に対しては冷たくできないものです。会う回数を重ねるたびに自然と親密度が深まっていくのです。

一つ例をお話しします。

私が開催している通信講座の会員さんで、卒業後もずっとハガキを送ってくれた人がいました。ある時、急に送られてこなくなったのです。「○○さんからハガキがこないけど、どうしたのかな？」と心配になって思わずメールをしてしまいました。一度もお会いしたことはありませんでしたが、知らず知らずのうちにこの方との親密度が深まり、気になっていたのです。確認したところとてもお元気でした。

ザイアンスの法則は、営業の新規開拓において効果的です。会って感じがよかったお客様はもちろんのこと、「この人は苦手だ」というお客様にも効果があります。新規開拓をしていれば気難しいタイプの人に会うことがあるでしょう。そういうタイプの人は、新人営業スタッフだけでなく、他の営業も近づきにくいと思っています。だからこそチャンスです。**どんな気難しい人でもつかず離れずそっとアプローチし続けていると親近感を持っていただけます。**

メールでもSNSでもリアル媒体でも何でも構いません。細く長く接点を持っていれば、相手の印象に残り、指名されることになります。

POINT

長く接触するためのツールを作成する

23

初対面のお客様と距離感を縮める〝自己開示〟

★★★

初めて会った相手なのについプライベートの愚痴まで言ってしまった……。そのような経験をしたことはないでしょうか。**赤裸々に自己開示してくる相手に対して、思わず本音が出てしまうことはある**ものです。自己開示とは、自分についての個人的な情報を率直にありのまま相手に伝えることを言います。

愚痴まではいかないとしても相手が趣味の話をしたら自分も趣味の話をし、相手が家庭の話をしたら自分も家庭の話をするといった具合に、同程度の話をするものです。

また話しているうちに「相手がそこまで話してくれたのだから、自分も深い話をしよう」という気持ちが芽生えます。

これを「返報性のルール」と言います。お互いにプライベートな話をしていくことで、関係が深まっていくのです。

私はいろいろな人とお会いさせていただいています。その中で自己開示してくれる人とは一気に距離が縮まります。同じ自己開示でも「いい感じだ」と感じる人もいれば、「この人はちょっと敬遠したい」と思う人もいます。いい感じだと思う人は自分のちょっと恥ずかしい失敗などの自己開示が多いです。その逆に、会社や他人の愚痴ばかりの人にいい印象を受けません。

お客様との距離を縮めるために説明だけでなく、自己開示をしてください。新人営業スタッフだったら、経験のある担当者に対して「今こんなことに悩んでいまして」と相談してみてください。お客様との距離が縮まるのはもちろん、問題解決のヒントをもらえることもよくあります。ぜひお試しください。

POINT

お客様に仕事の悩みを打ち明けてみる

24

名刺交換でお客様の気持ちをつかむ方法

★★☆

前述しましたが、**営業は出会いの15秒で決まる**と言われています。しかし、多くの営業スタッフは出会いの瞬間を重視していません。「出会った瞬間は適当に流して、後で盛り返せばいい」と思っていたりします。

しかし、営業の世界ではそれは非常に難しいのです。

出会って15秒ということは〝名刺を渡して一言名乗る〟くらいの時間です。経験の浅い営業スタッフであれば、セリフを前もって準備しておくとうまくいきます。例えば、お客様とお会いして名刺交換したら「初めまして、群馬県と栃木県エリアを担当しております菊原智明と申します」とはっきり伝えます。毎回、同じセリフを言っているうちに、慣れてきて堂々と言えるようになります。これだけで、お客様は「なんかやりそうだ」という印象を持ってくれるのです。

余裕ができたら〝自分の名前の覚え方〟をプラスしてもいいでしょう。すると名前を覚えてもらえるようになります。また、相手の名刺を受け取ったら「○○さんとお読みすればよろしいでしょうか？」と質問します。名前の読み間違えも防げますし、記憶にも残りやすくなります。

新人営業スタッフは初対面のお客様と何を話していいか分からず、沈黙になってしまうこともよくあります。

【名刺交換→自己紹介→相手の名前の読み方を確認する】

この名刺交換のパターンを用意しておくだけでなんとかうまく話ができるようになります。ぜひこれで新規開拓に臨んでください。

POINT

名刺交換の必勝パターンを用意しておく

25

〝顔写真＋吹き出しに手書きでメッセージ〟でお客様の心をつかむ

★★☆

異業種交流会に参加したときのことです。そこでお会いした営業スタッフから一通のお礼状が送られてきました。そこには「ぜひゴルフしましょう！」とメッセージが手書きされていて嬉しく思いました。もしこれがメールなら、あまり印象に残らなかったでしょう。

結果を出している営業スタッフは、デジタルツールだけでなく、要所でアナログツールを活用しています。

今、お礼状などの手紙を書いている営業スタッフはほとんどいません。「お礼状は面倒だし、メールやＳＮＳの方がいい」と考えているようです。ですが、**多くの人が使っていない今だからこそアナログツールは目立つし、チャンスなのです。**

また、お礼状にメッセージを書かない理由として「私は字が下手ですから」と言う人がいます。実際のところ字が上手か下手かはあまり関係ありません。以前、達筆のお礼状を送ってもらったことがありますが、特に印象には残りませんでした。その理由は、他の人にも同じものを送っているように感じたからです。いくら達筆でも大勢の人に送っているという雰囲気が伝わってしまえば、相手の心はつかめないのです。

おススメの方法は、お礼状の定型文は印刷にして、顔写真の横に吹き出しをつけます。その吹き出しの中に一言だけ手書きで添える、これだけでいいのです。

それだけでお客様の印象に残る最強ツールになります。ぜひ、試してみてください。

POINT

お客様は吹き出しの文字はよく読む

26

その他大勢の営業スタッフから抜け出すやり方

★★★

複数の営業スタッフとお会いしたとします。記憶に残る営業スタッフもいれば、すぐに記憶から消えていく営業スタッフもいます。私自身は特徴のないタイプでお客様の記憶から一番早く消えてしまうタイプの営業スタッフでした。だからこそ〝顔写真と自己紹介〟を載せたツールを使い、印象に残るように工夫していました。

今のお客様は何かを検討する際〝一括見積サイト〟といったサービスを利用する人が増えています。検討する側は便利でいいものの、営業スタッフ側はたまったものではありません。どんなに真剣にアプローチしてもほとんど反応がないのですから。

以前、保険の一括見積サイトを利用した時のことです。メールアドレスや要望を記入して送信します。するとすぐにいろいろな会社からご案内のメールが届いたのです。

そのほとんどが〝自動配信メール〟で当たり障りのない文章でした。そんな中、ある会社の営業スタッフは〝仕事に対するポリシー〟が書かれた自己紹介文が送られてきたのです。そこには次のような内容が掲載されていました。

- 仕事に対するスタンス
- どんな経験をしてどんな信念で生きてきたか
- プライベートの趣味、家族の話
- これからどういう営業スタッフになりたいか

これを見て記憶に残りましたし、会う前からその方のファンになりました。**できる営業スタッフは、お客様の記憶に残るような工夫をしています**。ツールを用意しておき、しっかり印象付けてください。

POINT

自分のことを伝えるツールを準備しておく

27

新規のお客様から共感を得るためのワザ

★★★

新規開拓をする際、運良く説明の時間を頂けることがあります。ここでお客様とラポール（調和した関係）を築ければ、話を一気に進めることが可能になります。そのための技として「ミラーリング」がよく使われます。

ミラーリングとは、**目の前の相手が、自分と同じ仕草・行動を取る人は仲間と認識してしまう習性**を利用した心理テクニックです。鏡のように相手の行動を意図的に真似ることで、顧客との信頼関係を築こうとするものです。よく知られているのは、次のようなテクニックです。

- 飲み物に手を伸ばしたタイミングで自分も飲み物を飲む
- 相手が顎に手をもっていったら、自分も顎に手をやる
- お客様が資料を見たら、自分も一緒に見る

うまくできれば相手に「この人は仲間だ」と好印象を与えることができます。

動作を真似するだけではなく、会話から共通点を見つけ、合わせていく方法もあります。

例えば、自分と同郷の人に会うと、それだけで一気に心の距離が縮まる感じがします。私は群馬県に住んでいますが、都会で〝北関東の人〟に会うと仲間意識を持つものです。これはミラーリングの応用版とも言えます。趣味などで合わせていってもいいでしょう。

ミラーリングは相手に寄り添うことを意識することがポイントになります。出身地、話し方のペース、会話のテンション、笑うタイミングを少し合わせるようにするだけでも効果があります。いろいろなミラーリングを使い、お客様との距離を一気に縮めてください。

POINT

相手に寄り添う気持ちで接してみる

28

なかなか電話に出てくれない時代のテレアポ攻略法

★★☆

一昔前の新規開拓営業と言えばテレアポが主でした。今は電話がナンバーディスプレイになり〝知らない番号〟からの電話に出ない状況ですが、テレアポは、やり方によってはまだまだ効果的な営業アプローチの一つとも言えます。

お客様のもとには、売り込み電話などがたくさんかかってきます。そんな中でテレアポし、「A会社の菊原です」ではお客様に何も伝わりません。もし一度お会いしているなら「3日前、交流会で名刺交換させていただいた菊原と申します」と伝えた方がいいのです。

新規のお客様に対して電話するなら「高崎北部のエリアに特化した塗装会社の○○です」と一つ特徴を伝えた方が効果的です。お客様は会社名と名前だけでは認識してくれません。電話では名前だけでなく思い出していただけるエピソードを伝えるようにしましょう。

また、今の時代〝お客様は電話に出ない〟という前提で準備しておくことが重要です。要は、**留守番電話にしっかりとメッセージを入れておくことでチャンスが生まれます**。

私の事務所に電話がかかってきますが、ほとんど無言で切ります。そんな中、ある営業スタッフからは「○○会社のBと申します。△△の件でお電話させていただきました。また改めてお電話させていただきます」といったようなメッセージが入っていました。しっかりとした話し方で好感を持ちました。そのメッセージを聞いて「この人から電話がかかってきたら次は出たい」と感じたのです。このように、簡単に電話に出てくれないとしても留守電に入れることはできます。短くしっかり伝え、いい印象を残すよう心掛ける。

こういったことからチャンスが生まれることもあります。

POINT

留守電に入れるメッセージをあらかじめ考えておく

29

問い合わせがあったら〝アポを取る〟か〝商品を提案する〟

★★★

営業活動で一番難しいのが〝新規のお客様を探す〟ということです。前述のテレアポしかり、返信がないメールを何通も送ったりと当てのない仕事です。そんな折、お客様の方から電話がかかってきたらどうでしょうか。営業活動を数年経験していれば〝アポイント取得のチャンスだ〟と喜ぶでしょう。しかし、新人営業スタッフは、せっかくのお客様の問い合わせに対して〝質問に答えて終わり〟とあまりにも、もったいないことをしてしまうのです。

以前、インターネット関係のシステムの不具合で、ある会社に電話で問い合わせをしました。電話に出た担当者は「その場合はこのような手順で操作した方がいいですね」とシンプルに答えくれて終わりました。私は「チャンスを逃したな」と思いました。

もし、この担当者が営業ノウハウを少しでも知っていて「今後のためにこのソフトを入れておくといいですよ」と新しい商品を勧めてきたら購入したと思います。絶好の売りチャンスを逃して、確率の低い新規開拓をする……。どう考えても損ですよね。

私がお世話になっている研修先の会社では、そうした取り逃しがないように、

【お客様の質問に回答する→アポを取るか、商品のご提案をする】

とマニュアル化しました。このマニュアルによって多くの営業スタッフがチャンスを逃さなくなったというのです。

お客様からの質問や問い合わせは必ずアポイントを取るか、何かの商品をご提案するようにしましょう。

POINT

問い合わせの電話対応のロープレをしておく

30

訪問、メール、SNSがダメならアナログツールで攻めてみる

★★★

ダメ営業スタッフ時代の私は、アポなし訪問ばかりを繰り返していました。それはそれはとてつもなく非効率な営業活動をしていたものです。デジタル時代になっても、そのような古典的な営業活動を続けている営業スタッフや会社も存在しています。ただ、今や便利なツールがたくさんありますから、これを使わない手はありません。

一番手っ取り早くローコストなのは、メールやSNSといったデジタルツールです。書いた文章をすぐに送れますし、すぐに反応が返ってくることもあります。

メリットばかりに思えますが、デメリットもあります。それは〝飽和状態にある〟ということです。

あなたのパソコンのメールボックスには1日に何十件とメールが届くでしょうし、SNSの通知もアプリを合計すれば相当な数になるはずです。情報が溢れかえってい

る中、「こんなお得な情報がありますので、よかったら読んでください」と送っても、埋もれてしまい、無視される可能性が高くなります。

そんな時はアナログツールにも目を向けてみます。例えば郵送で〝お役立ち情報〟を送るということです。**今は実際に印刷された情報を送る人は少ないため、お客様にインパクトを与えられます**。郵送物を見て「おっ、今どき珍しいな」と印象に残ります。

メールはワンクリックでごみ箱に捨てますが、郵送物は保管しておくお客様もいます。もちろんお客様にとって価値ある情報でなくてはなりません。

デジタルがダメならアナログで攻めてみてください。

POINT

アナログツールにチャンスがある

できる営業心理学テク

初対面でも相手がすでに好印象!?
会う前から好感をもたれる事前準備

美味しそうな料理写真を見た直後に無表情の男性写真を見たとします。この男性の気持ちを考えてみましょう。無表情ですが空腹そうに感じたりします。続いて、棺の写真を見た後に、同じ男性の写真を見たとします。すると無表情ですが悲しそうに感じたりします。同じ男性の写真でもその前の情報で男性の印象が変わったりするこの心理現象を心理学では「クレショフ効果」といいます（61 ページでも紹介）。モノの前後や周囲の状況でそのモノの印象が変わる心理現象です。

⇨ 会う前のちょっとした事前準備が印象を変える

例えば、数日後に訪問する会社の社長さんについて調べたら、怖い顔だったら腰が引けますよね。逆に笑顔だったら安心するはずです。これを自分に置き換えて考えると、自分が発信しているSNSやブログ、ホームページなどに自分の朗らかな表情の写真を載せておくと、商談前の先方やお客様がそれを見て商談しやすい印象を持ってくれるのです。

事前に相手に好印象をもってもらうために、厳選していい写真を載せるようにしましょう。

4章

初回面談　接客、トーク編

31

"雑談がうまい＝成績がいい"ではない

★☆☆

新人営業スタッフの悩みの一つに「お客様と雑談がうまくできない」というものがあります。同世代ならまだしも、世代の違う年上の相手となると「何を話題にしていいのか……」と考えすぎてしまうのです。私自身、初対面のお客様との雑談が大の苦手でした。雑談がうまくできなくても契約は取れますが、最低限のテクニックはマスターしておきたいものです。

私は雑談には二種類あると考えています。一つは、天気やスポーツなどのたわいもないアイスブレイクのための雑談です。これは経験を積めば自然にできるようになるので心配しなくて大丈夫です。

私がおススメする、もう一つの雑談は**"相手が興味を持っていること"もしくは"相手にとってメリットがある情報を提供する"**というものです。

これは意識しないと上達しませんし、この方がお客様にとってメリットもあります。**有益な情報を交えた雑談であればお客様はありがたいと感じます**。例えば、面談に入る前に「この前気づいたのですが、キャンペーン商品をセットで購入するより、必要な物だけ選んで買った方が少し得なんです」といったような情報です。こうした情報を教えてくれる人からの話は、もっと聞きたいと思います。

アイスブレイクに関して無理にうまくなろうとしたり、長く話をしたりする必要はありません。それより、相手が知りたい情報を1分でも話した方が、相手ははるかにありがたく感じるものです。

お客様が役立つ情報を準備して面談に臨んでください。

POINT

天気やスポーツの話より得する情報を話す

32

あなたの雑談のスキルをバージョンアップさせる

★★☆

お客様との初めての面談に臨むとき、たいていの新人営業スタッフは緊張するものです。その緊張を解くための雑談については前項で紹介しました。

ここでは雑談の進化バージョンを紹介します。

知人のトップ営業スタッフは「**雑談をお客様によって使い分ける**」といった話をしています。いろいろなところからお客様の情報を集め〝このタイプのお客様はこの話題を出すと盛り上がる〟ということを前もって準備しているそうです。それを聞いて「だからトップの成績を残せるのだな」と感心しました。

普通の営業スタッフに聞けば「何も考えずにアドリブで雑談している」と答えるでしょう。お客様のタイプ別に雑談のネタを用意する工夫をするだけで、お客様とスムーズに話ができるようになります。

結果を出している営業スタッフは他にも工夫していることがあります。

それは〝声のトーン〟です。知人の女性トップ営業スタッフは軽く挨拶した後に少し声のトーンを上げて雑談を始めると言います。普通の話題でも**トーンを上げると「ポジティブな人なんだろうな」といった印象を持ってもらえる**のだそうです。


まずは、可能な限りお客様が興味を持つネタを集めるようにしましょう。そして、これからお会いするお客様の情報が全く手に入らないのなら〝声のトーン〟を上げて話をするようにしてみましょう。

両方できればベストですが、どちらか一つでも構いません。

これであなたの雑談スキルはバージョンアップできるでしょう。

POINT
雑談のネタを用意し、声のトーンを上げて好印象を与える

33

お客様の警戒心を解けば9割はうまくいく

★★★

初回の面談、接客で一番大切なことは何でしょうか。それは〝**お客様の警戒心を解く**〟ということです。

店舗型の営業ならば、お客様は「商品をじっくり見たいけど営業が出てきてうるさそうだ」と警戒しながら入店してきます。この状態で何かを説明しても無意味になります。あなたがどこかのお店に入ったとして、後ろからいきなり売り込まれたらどうでしょう。それが欲しいものでも買いたくなくなります。まずは、**お客様の緊張を和らげ、安心させてあげてください**。

結果を出している営業スタッフは「ゆっくりご検討してくださいね」などと言葉がけをしたり、お客様に質問して話をさせたりして緊張を解いていきます。やり方は人それぞれ違うとしても、このステップなしで結果を出している人は一人もいません。

逆にお客様の警戒心が解ければ、9割はうまく話が進みます。

では、そもそも何のために警戒心を解かなくてはいけないのでしょうか。もちろんこちらの話を聞いてもらうためですが、それは一部でしかありません。本当の目的は**警戒心を解いて〝お客様の悩みを聞く〟**ということなのです。

知人の生保のトップ営業スタッフは「お客様が心を開いて悩みが聞ければ契約を取ったも同然」とよく話しています。この事実を知れば、お客様が安心した途端「それで当社のセールスポスントですが」などと売り込みをかけたりしなくなります。

初回面談、接客は〝警戒心を解いて悩みを聞く〟とシンプルに考えてみましょう。そうすることで、一気に道が開けてくるものです。

POINT

どう声をかけたら警戒心が解けるか？　と考えてみる

34

話を進める時はワントーン低い声にする

★★★

初対面では、声のトーンを少し上げて話すと、お客様にいいイメージを与えられて話がうまく進みます。雑談のテクニックとして前述しましたが、その方がポジティブな印象を与えられるからです。たいていのお客様は、暗い人より明るい人を好みます。しかし、そのままのトーンで説明したらどうでしょう？　お客様は「なんか鬱陶《うっとう》しいな」と思うかもしれません。

以前、娘の付き添いでスマホショップに行った時のことです。私はスマホを買う気はなく、興味本位でいろいろ見ていました。すると店員さんが近づいてきて「買い替えをお考えですか？」と質問してきます。私のスマホは新しくはないものの動きは良く、何も問題を感じません。軽く断りながらも説明を聞いていました。

この店員さんは「ちょっと声が高いな」と感じる話し方をしていました。何かの夕イミングでスマホを見せると「容量が足りなくて困ったことはありますか？」と質問してきたのです。確かにそれは以前からちょっと引っかかっていた部分でもありました。しばらく話を聞いているうちに「娘のスマホを買うわけだし、せっかくだから交換しようかな」と思えてきました。

私の心の変化を察した店員さんは、**ワントーン低い声で「新しいスマホに変えれば動きも良くなりますし、ストレスもなくなりますよ」と言ってきました。**

当たり前の話でしたが、私はなんだか納得してしまい新機種の購入を決めました。

それまでの高い声から一気に低いトーンに変える、というのは効果的な方法です。

雑談でワントーン声を上げて話をして、そのまま説明に入ると「この営業スタッフに乗せられそうだ」と思ってしまいます。話を進める時は、逆にワントーン低い声で話をしてみてください。お客様は抵抗なく受け入れてくれるものです。

POINT

重要な話をする時はワントーン声を下げる

35

「マニュアルトークをしゃべれば売れる」のウソ

★☆☆

新人営業スタッフが一番頼りにするのが「マニュアルトーク」でしょう。営業スタッフに接客される際、〝ザ・マニュアルトーク〟をしてくる人と会うと「この人は新人なんだろうな」と、私はすぐに分かります。

そんな新人営業スタッフは、会社から教えられたマニュアルトークを駆使して買ってもらおうと試みますが、うまくはいきません。売ろうとすればするほどお客様は逃げてしまうものです。

私自身、ダメ営業スタッフ時代はずっとマニュアルトーク頼りでした。マニュアルトークをした途端、ほとんどのお客様はすぐに顔色が曇りだします。それは分かっていたものの説明をやめるわけにはいきません。「せっかくお客様と話ができるチャンスだ。まだマニュアルトークも一部しか話せていないし、できる限り伝えた方がいい」と考えます。たとえ、お客様が「まだ先の話ですから」と断ってきても、「もう少し話を聞いてください」と何とかして足止めしていたりしました。

そうして粘っても、接客時間は少しだけ長くなったものの、結果は反比例してどんどん悪化の一途をたどります。初回の印象が悪いため、その後の訪問や電話でのアプローチも相手にされません。より強く断られるようになりました。

この時の私の最大の過ちは〝トップ営業スタッフはマニュアルトークをうまく話していて、話し切れば売れる〟という間違ったイメージを持っていたことです。

実は**トップ営業スタッフはマニュアルトークなどしていなかった**のです。

もちろん、マニュアルですから、お客様に伝えるべきことは含まれています。ただし、**マニュアルトークに頼るのではなく軽く利用するくらい**に考えていきましょう。

POINT

マニュアルトークを無理に伝えても結果は出ないと知る

36

マニュアルトークを〝売れるトーク〟にアレンジする

★★☆

トップ営業スタッフとダメ営業スタッフの成績の差はかけ離れています。しかし、話している内容に大きな差はありません。**トップ営業スタッフは、〝この商品を購入すれば、こんな悩みが解決される〟といったメリットを伝えています。**具体的な解決策を示して、どうメリットがあるのかお客様にイメージさせているのです。

一方、ダメ営業スタッフは商品の説明のみで終わります。これでは、どんなに熱心に説明してもほとんどのお客様は興味を持ちません。

トップ営業スタッフとダメ営業スタッフの差を端的に表現すれば、次のようになります。

- ダメ営業スタッフ……マニュアルトークのみ
- トップ営業スタッフ……マニュアルトーク＋【具体的なメリット】

例えば、ダメ営業スタッフは収納の説明を「こちらの収納は幅120センチです」と説明するだけです。一方トップ営業スタッフは「この収納は120センチです。**ですから、お子さんのゲームを入れたり、昼寝をする際のタオルケットを入れたりできて便利です**」と説明します。このように具体例で説明されると、お客様は「そうそう、ゲームは意外に収納する場所に困るのよね」などと話が広がっていきます。具体的なイメージが湧き、興味を持つのです。

マニュアルトークを活かすためにも、**その商品を手にすることで〝お客様にとって具体的にどんなメリットがあるか〟を考えてみましょう**。それを提示すれば、お客様の反応が劇的に良くなります。これで話も広がり、接客が何倍も楽しくなっていきます。

POINT

マニュアルトークに具体例を追加する

37

お客様が求めているものを聞かなければトークは機能しない

★★★

トークを上達させる上で知っていただきたいことがあります。それは「**お客様が必要なものを聞き出し、それにマッチした説明をする**」ということです。この基本を押さえていないと、今まで紹介したテクニックも生きてきません。実際は、こちら（お客様）の欲しいものを聞いてくれない営業スタッフが少なくないのです。

以前、エアコンを買い替えようと電器店に行った時のことです。近くの店員さんにそれを伝えると「こちらのタイプは従来のものより150％ほど温まり方が早いんです。それにランニングコストも35％ダウンできるんです！」と説明しだします。私は温まり方が早いものやランニングコストがダウンできるものは探していません。リモートで仕事をする際、音が静かなタイプを探していたのです。

もし、この時「今お使いのエアコンで何かお困りのことがありますか？」と聞いてくれたらどうでしょうか。「リモートの仕事が増えたので、つけていても音が気にならないタイプを探しています」と答えたでしょう。その要望にマッチしたエアコンを紹介してくれたら、間違いなく購入していました。

このように、**お客様の要望は無視して自分の言いたい事だけを説明する販売員や営業スタッフをよく見かけます。これでは、どんなにうまいトークをしたところで結果にはつながりません。**

お客様が求めていない説明をしても百害あって一利なしです。

いかにうまくトークするかではなく〝いかにお客様の要望と説明する内容をマッチさせるか〟を考えた方がうまくいきます。

まずは、お客様の要望をしっかり聞き取り、お客様が必要としている情報を伝えましょう。

POINT

必要なものを聞く↓それを提供する

38

初回接客と着座の成功は〝しくみ〞で決まる

★★★

現在では、欲しいものをネットで買うお客様が多いものです。ネット上には購入の参考になる比較検討サイトや使ったお客様の声などもたくさん見つかります。商品によってはそこで購入することもありますが、やはり最後は「現物を見てから決めたい」と思うものです。ですから、今後も店舗型の営業は存続するでしょう。

店舗型営業の接客において、大切な要素の一つが〝お客様に座っていただくかどうか〞ということです。いわゆる〝着座〞です。自動車や住宅などの不動産はもちろん、家電であっても座って販売員（営業スタッフ）の説明を聞いたりします。このように、お客様に着座してもらえれば、話せる時間も情報量も何倍も増えます。

トップ営業スタッフは総じて着座率が高いです。ただ、全員がトークで着座に誘導しているわけではありません。**お客様を自然に座らせる〝しくみ〞をうまくつくって**

いるのです。

営業の研修では、着座について説明する際、まずは〝お客様が何のために座るのか〟を考えてもらいます。来場したお客様は、営業スタッフからの売込みは必要としていませんが〝資料やカタログは欲しい〟と思っています。それを利用します。

確実に着座を狙うなら「実際に作成した収納例があるので後で用意しますね」と前フリをします。そして着座ポイントにきたら「今用意しますからどうぞ」と自然に着座を促します。このように**しくみ化すれば、経験の浅い営業スタッフでも高確率で着座に持っていける**ようになります。

簡単で高確率なしくみをつくることを考えていきましょう。

POINT

着座のしくみを考えておく

39

トークで説得するのではなく自己説得効果を活用する

★★☆

職種によっては〝始めから座って初回面談をスタートする〟という場合もあります。このケースでは、多くの営業スタッフが名刺交換をして、少し話をすると「早速ですが、こちらの機能について説明いたします」と商品説明をスタートさせます。このやり方で話を聞いてくれるお客様もいますが、ほとんどは「そんな話は別に知りたくないなぁ……」と興味を持ちません。

このとき、お客様に〝トークで説得する〟というのではなく〝自己説得効果を利用する〟と考えた方がはるかにうまくいきます。自己説得効果とは、**お客様に商品について話をしてもらうことにより親近感を持ってもらう**というものです。方法はシンプルで、経験の浅い営業スタッフでもすぐ使えます。

これから〝商品Aについての説明〟をするとします。その説明をする前にお客様に

「商品Aについて何かご存じのことがありますか？」と質問をします。

こう質問されたお客様は「そう言えばネットで見たことがあるな」と思いを巡らし「詳しくは知りませんが、使い勝手がいいと聞いていますよ」と回答してくれたりします。これが自己説得効果になります。

この**自己説得効果は、どんなにすごい営業スタッフのトークよりも勝ります**。

「○○について何かご存じのことはありますか？」という質問をたくさん用意しておきましょう。多ければ多いほどチャンスは広がります。お客様は何に反応するか分かりません。まずは、**お客様に知ってもらいたいことをリストアップし、「○○についてご存じですか？」というトークをたくさん考えてみましょう。**

この質問リストが増えるたびに接客や商談の成功率は上がっていきます。

POINT

自己説得効果のための質問リストを増やす

40

会社のおススメとお客様の欲しいものは違うと認識する

★★☆

営業スタッフは、会社や自分の利益ではなく、お客様の利益を優先することが大切です。ダメ営業スタッフ時代の私は、会社で決まったイチオシ商品をどのお客様に対しても「こちらの商品が当社のイチオシなんですよ！」と推していました。当然のことながら、お客様から相手にされません。

以前、仕事で使うノートパソコンを買おうと地元の電器店に行きました。店員はしきりに「こちらがお勧めでして」と推してきます。手ごろな値段でしたが、デザインがあまり気に入りません。隣にも同じようなパソコンがあったのでこう質問します。

私「この商品と、どう違うのでしょうか？」

店員「機能的には同じようなものですが、こだわりがなければ当社のオリジナルブランドの方がいいですよ」

会社でオリジナルブランド商品を売れ、という方針だったのでしょう。お客様を無視したスタンスが見えた瞬間に私は嫌になり、買わずにそのお店を出ました。もう少し私のことを考えてくれれば、そのお店で購入していたかもしれません。

会社の営業会議などで〝今期はこの商品をメインで推していく〟といった方針が発表されることがあります。新人営業スタッフはそれを鵜呑みにして、どのお客様にも勧めてしまうものです。お客様の要望ではなく、会社都合の商品を勧めるスタンスを感じてお客様は買うのをやめます。

目の前のお客様のために自分は何ができるか？　そのほうが長期的には間違いなくいい結果になります。

POINT

会社のためではなくお客様のためと考える

できる営業心理学テク

実りあるトークを展開したいなら、「事前準備」が簡単かつ確実です

占い師が利用しているといわれている心理術が「バーナム効果」です。「あなたは、今悩んでいますね」「何か不満がありますね」と、広い意味で相談者が思っていることを口にして、信用度を上げ、徐々に相談者の心の内を語らせたりするテクニックです。これと似た「コールドリーディング」は、準備なしに初対面の相手の心を読む心理テクニックで、何を話していいかわからない相手と雑談をするときなどに重宝します。ただ、これらは多少の練習や場数が必要でしょう。その“コールド”ではなく「ホットリーディング」は、事前に相手のことを調べておいてから会話することをいいます。

⇨ 何事も事前準備が大事です

交渉する相手の心をつかむ上で、即使える実践的なテクニックがホットリーディングです。結果を出す営業スタッフたちは、周到に準備をして商談に臨みます。まさにホットリーディングを展開します。今はインターネット等でかなりの情報が事前に手に入ります。また、クライアントを紹介していただいたお客様から話を聞いておくと、貴重なネタが手に入ったりします。事前準備をしっかりすることは、成果に直結するでしょう。

5章

ヒアリング編

41

ヒアリングにおいて一番大切なこと

★☆☆

営業で結果を出すために〝ヒアリング〟は非常に重要なステップになります。**ヒアリングの精度によって〝いい提案ができるかできないか〟が決まります。**本章でヒアリングの考え方からテクニックまで紹介しますので、ぜひマスターしてください。ツールやテクニックも大切ですが、もっと大切なことがあります。まずはそのことについて、しっかりと押さえてください。

私がお客様の立場として営業スタッフにヒアリングされた時のことです。スタッフはＡ４サイズのヒアリングシートとタブレットを併用しながら、どんどん質問をしてきます。矢継ぎ早に質問してくるため〝詰問〟されている気分になりました。実際、そのように質問攻めしてくる営業スタッフは少なくありません。お客様から要望を聞きとるために質問は必要なことですが、聞き方には注意が必要です。

知人のトップ営業スタッフは、とにかく話を聞くことがうまいです。私も含め、まわりの人も「ついつい本音を話してしまう」と言っています。

以前、その知人に「話をうまく聞くコツは何ですか？」と聞くと、「**心から知りたいという気持ちが大切**」と言いました。テクニックに偏ると、お客様は本音を話さないと言うのです。

もちろんテクニック的なことも知っておいて損はありません。ただ、それ以上に目の前のお客様に対して「心からあなたのことを理解したい」といった気持ちで臨むことが大切なのです。そういったスタンスで話を聞くと、お客様は「この人なら相談してもいい」といった気持ちになるのです。

この後の項からヒアリングの方法やテクニックについて紹介していきますが、まずはこの気持ちを忘れないでください。

POINT

テクニックより知りたいと思う気持ちが大切

42

〝真剣に聞いている〟という姿勢を体で伝える

★☆☆

多くの人は〝真剣に聞いている〟という姿をアピールできていません。人前に立つと〝いかに真剣に話を聞いている人が少ないか〟を実感します。そんな中〝真剣に聞いている〟という雰囲気の人がいると非常に勇気づけられます。そういった人と名刺交換して話をすると、やはりトップ営業スタッフであることが多いのです。

知人のトップ営業スタッフもよく話を聞いてくれる人です。私が話し出すと、身を乗り出してしっかりと目を見てくれます。話しやすいですし「もっと何か話したい」と自然に思うのです。**人の話を〝真剣に聞いている〟といったことを体で伝えるということをトップ営業スタッフは必ず身につけています。**

私は、お客様の立場として多くの営業スタッフと会います。その中で先ほどのトップ営業スタッフのように身を乗り出してくれる人はまずいません。中にはパソコンを操作したままヒアリングする人もいます。要望を打ち込んでいるのでしょうが、次第に話す気がなくなってしまいます。営業スタッフ自身は「真剣に聞いているよ」と思っているかもしれませんが、お客様に伝わらないのでは意味がないのです。

しっかりと〝真剣に聞いている〟という姿を伝えましょう。

身を乗り出すほかに、リアルでメモを取るのも〝聞いている〟というアピールになります。

知人の編集者は、著名人に取材する際「タブレットの方が楽だけどあえてノートを出してペンで書いてメモをしている」と言っていました。その方が何倍も聞き取れるというのです。真剣に聞いてリアルでメモを取る。記録にも残り、一石二鳥です。

POINT

リアルでメモを取れば好印象をもってもらえる

43

いきなり核心をついた質問をすればお客様は心を閉ざす

★☆☆

人事担当の方と話した時のことです。「学生からの質問にガッカリすることが多くて……」と愚痴をこぼしていました。理由を聞くと、面接が始まってすぐに「有給は何日ですか」「残業手当はいくらですか」と質問してくると言うのです。確かに学生にとって有給や残業手当は聞きたい質問の一つでしょう。しかし、いきなり聞くことではありませんよね。

始めに何を聞くかは非常に重要です。面接では一つ目の質問で合否がある程度決まるように、営業の現場でも始めの質問で結果が変わる可能性が高まります。

あなたが買う立場だったとします。名刺を渡されてすぐに「ご予算はいくらでしょうか？」と質問してきたらどう感じますか？「いきなりお金の話かぁ……この人には相談できそうもないな」と判断するのではないでしょうか。

相手の予算は聞いておきたいことの一つですが、始めに聞くことではありません。

そうではなく、「**今の○○でお困りのことはありますか？　私でよければ相談に乗りますが**」と聞かれたらどうでしょうか？

多くのお客様は「今これに困っているから商品を検討している」という状態です。

こう聞かれれば、いろいろと悩みごとを話そうと思うものです。


質問の順番で印象はガラッと変わります。**聞き方の成功の秘訣は、始めにする質問で印象が決まる、と言っても過言ではありません。**

「何を聞けばお客様は話しやすいか」という観点でまず考えてみてください。

POINT

まずは軽い質問から入ってみる

44

お客様から深く聞き込むためのヒアリング方法

★★☆

お客様から要望を聞き出す際に役立つのが〝ヒアリングシート〟です。
一般的にヒアリングシートは〝5W2H〟を基本としています。

What：悩みは何か、何を改善したいのか
Who：誰が決定権を持っているのか
When：いつから始めるのか、どのくらいの期間で行うのか
Why：なぜ必要なのか
Where：どこで必要なのか
How：どのようにサービスを使用するのか
How much：いくらで購入を考えているのか

トップ営業スタッフは、ヒアリングシートだけで終わらず、「なぜその商品が必要なのか」「どんな夢を実現させたいのか」といった深い部分まで徹底的にヒアリングします。聞き取った情報の質が違うので、プレゼン資料のレベルは格段に上がります。一緒に働いていたトップの先輩は**細かい内容まで聞き込み、入念に商談のプランを練っていました。**先輩はこの時点ですでに商談に勝利していたと言えます。

始めは、5W2Hを中心として話を聞いてください。できれば自分のオリジナルな質問を追加するのもいいことです。さらに、お客様の回答に対して「それはどうしてでしょうか?」と踏み込むようにしてみましょう。これだけで得られる情報量は断然多くなります。**聞き取れた情報量が増えれば増えるほど契約数も増えます。**

POINT

お客様の回答に対して一つ一つ深掘りしていく

45

〝ヒアリング4ステップ〟を回して信頼関係を深めていく

★★☆

前項で〝5W2H〟を中心に深掘りしてヒアリングすることを紹介しました。では具体的にどのように聞いていけばよいのでしょうか。

私が推奨している方法で〝ヒアリング4ステップ〟というものがあります。このワザを知っておくと、新人営業スタッフでも非常にスムーズにヒアリングできるようになります。お客様から要望を聞き取る際、次のように回していきます。

承諾→質問→展開→確認

この4サイクルは承諾から始まります。まずは、お客様に「いくつか質問してもよろしいですか?」と承諾を得ます。このように聞けば、ほとんどのお客様は承諾してくれますし、これで準備ができます。

次に用意していた質問をします。例えば「今お使いの商品にお悩みがありますか」という質問に対して「ちょっと古くなってきたからね」と答えたとします。普通の営業スタッフはこれでやめてしまいます。続けて「ちょっと古くなったということですが、いつごろ購入されましたか?」と質問して展開させていくのです。

2~3項目を質問したら今まで聞いたことに関して「今お使いの商品は5年前に購入して故障が多くなったということですね」と確認します。お客様の聞いたことに関してメモをしておき、それを口に出して確認します。確認したら「もう少し質問してもよろしいですか?」と始めに戻るのです。

このヒアリング4ステップを回していくことを意識すれば、お客様からスムーズに聞き出すことができるようになります。

POINT

いくつか質問したら承諾に戻る

46

お客様から真実を引き出すマジックフレーズ

★★☆

ヒアリングは、お客様から深い部分まで聞き取れるかがポイントですが、聞き取った内容が〝ウソの情報〟だったらどうでしょう。ウソでないとしても曖昧な情報しかもらえなかったら……。それではいい提案をすることはできません。

知人から「お客様から真実を引き出すトップ営業スタッフがいる」という話を聞き、その方に聞いたところ、お客様に**ヒアリングを始める際に「これから必要なことだけ質問させていただきます」と伝える**と言っていました。ただ「質問させていただきます」と言うのと「必要なことだけ質問させていただきます」と言うのでは、お客様の受け取り方が違ってきます。言われたお客様は「必要なことなんだから正直に話さなくては」と真剣になります。また、そう言った営業スタッフも無駄な質問ができなくなります。お互いに**集中力が高まる**のです。

浅く広くヒアリングしても深い情報は聞き出せません。前もって「必要なことだけ」と言って質問をすることで、深く、そして正確な情報を入手することができます。

〝深く正確な情報〟を持っている営業スタッフと〝表面的な情報〟しか持っていない営業スタッフではどちらが勝つでしょうか？　もちろんその要望を提案書に取り入れなくてはなりません。こうなれば、よほどの実力差がない限り、前者の営業スタッフが勝利します。

このワザで深い情報を手にしたあなたは、ライバルの営業スタッフと提案に圧倒的な差をつけることができるようになります。

こうなれば、おのずと結果が出るようになるのです。

POINT

聞き取った情報を正確に提案書に反映させる

47

〝ネガティブ&ポジティブ〟な質問をセットでする

★★★

ヒアリングでは、予算、購入時期、大きさ、好みなど基本的なことから実現したいといった本質的なことまで深く聞き込みたいところです。ただ、すべてのお客様がすんなり話してくれるわけではありません。当人でも分かっていない部分もあり、ハッキリ答えてくれないお客様も多いものです。

そんな時はどうすればよいのでしょうか。その場合はまず**〝これだけは避けたいこと〟から聞いていく**といいのです。

自己啓発本では〝本当にやりたいことを知るために、まずはやりたくないことを書き出す〟といった方法が書かれています。このワークをすることで、本当にやりたいことが見えてきたりします。

それと同じように要望がハッキリしていないお客様に対して「これだけは避けたい

ことを教えてください」と質問するのです。この質問ならば、なかなか話してくれないお客様も何かしら答えてくれます。これを聞くことで外堀が埋まり、要望が見えてくることもあります。ハッキリした要望を答えられないのであれば、まずはこれだけは避けたいことからヒアリングしてみましょう。

この質問は効果的なのですが、デメリットもあります。それはネガティブな質問だけでは「さあ、これから新しい物を買うぞ！」とはなりにくいことです。ですので、避けたいことを聞いて外堀を埋めたら「この商品を導入したら今の業務がどれほど楽になると思いますか？」といった**ポジティブな質問も忘れずにしてください**。お客様に商品が手に入った後の前向きなビジョンを描いてもらう質問がおススメです。

〝ネガティブ&ポジティブ〟の2つの質問をセットにするといい流れができます。ぜひお客様とのヒアリングに取り入れてみてください。

POINT

最終的にはポジティブな質問で買う気になってもらう

48

お客様の地雷を踏まないための情報収集もしておく

★★☆

新人営業スタッフのミスの一つに〝知らず知らずのうちにお客様が嫌がることをしてしまった〟ということがあります。経験を積んでいればお客様の嫌がることを肌感覚で把握できたりします。しかし、新人営業スタッフは知らずにやってしまいチャンスを潰してしまうこともあるのです。

それを避けるために、**早い段階でお客様に「営業スタッフにこれだけはやめてほしいことはありますか？」と聞いておきましょう**。この質問は聞いておくとリスクヘッジになりますし、お客様もすんなり答えてくれます。

例えば

- 電話で連絡してほしくない

- 予算オーバーの提案は困る
- 急がされるのが一番イヤ

といった答えが予想できます。こういった情報はお客様の商品への要望以上に大切です。その後のお客様への提案やアプローチに大変役立つからです。

連絡をする際、〝電話で連絡してほしくない〟ということが分かれば「電話ではなくメールで連絡しよう」と思います。予算オーバーの提案は困るということが分かれば〝では何とかして予算内で考えよう〟と思うものです。良かれと思いオプションを追加して提案して商談を潰してしまう、というミスなどなくなります。

せっかくの努力が水の泡にならないように〝営業スタッフにやってほしくないこと〟をしっかり聞いておいてください。

POINT

してはならないことをメモしておけば地雷を踏まずにすむ

49

「可能な限り細かい部分まで教えてください」と伝える

★★☆

美容師の知人は「ハッキリ要望を言わない人が一番困る」と言います。今まで私もハッキリ伝えられず、満足できずに終わってしまったりします。ここ最近に行きだした理容室は「可能な限り細かい部分まで教えてください」と聞いてきます。このように言われると、遠慮なく要望が言えます。お互いにメリットがあるのです。

これはいろいろなシーンで応用できます。お客様から要望を聞くことは重要ですが、とはいえ、お客様は細かい部分まで話そうとする人はいません。「この会社に決めるか分からないし、あまり細かく伝えても悪いしなぁ」と思っているからです。この状態では十分な情報は得られないでしょう。

特にこちらが新人営業スタッフだと分かると「サラッと伝えておけばいい」と軽く思われてしまうこともあります。

そうならないためには、先ほどの理容室さんのように、**お客様に対して「要望に関**

して可能な限り細かい部分まで教えていただけると助かります」と伝えましょう。こう伝えておけば、お客様は真剣に要望を言うようになります。

また、聞かれたお客様は細かい話をしているうちに自分の欲しいものが見えてくる、ということも起こります。**ビジョンがハッキリすれば購買への気持ちも上がる**のです。さらには、詳しい情報が分かれば、こちらから的確なアドバイスや提案もできるようになります。

こうなれば話はいい方向へどんどん進んでいきます。

POINT

マニアックレベルまで話してもらう

50

他の人と差をつける「絶対に譲れないことは何ですか？」

★★★

今や〝当社だけのオリジナル商品〟などというものはなく、どの会社にも同じような商品があるものです。どんなに優れた商品があったとしても差別化はなかなか難しくなります。ということは、目の前にいるお客様は、あなたとだけ商談しているわけではないということです。当然、競合会社と争うことになります。

2、3社ならまだいいですが、5社、10社となると、検討しているお客様自身もよく分からなくなってきます。

多くの競合会社がいる中、他と同じヒアリングをしたらどうなるでしょうか。当然、他社と同じような提案になってしまうでしょう。すると、お客様は差が分かりませんから「だったら安い方がいいんじゃない」と金額で判断してしまいます。これではいくらお客様と商談しても勝率は極めて低くなります。

ではどうすればよいのでしょう？　まずは、基本的な項目をしっかりとヒアリングしていきます。その上で〝絶対に譲れないこと〟を聞いておくのです。

「絶対に譲れないことは何ですか？」
「この商品を購入する上で一番重視しているポイントはどこでしょうか？」
「一番こだわっている部分はどこですか？」
「予算を考えないとしたら、何を希望されますか？」

このような質問をして**お客様の〝最重要ポイント〟を聞き取ります。これを知っていれば、その他大勢の他社とは提案する内容は変わってきます**。

相手の本心を聞くことで〝この会社は違うぞ〟といった提案ができるようになります。それを見たお客様は値段が少々高くても決めてくれるのです。

POINT

値段が高くてもお客様は決めてくれる

できる営業心理学テク

人は一つ承諾すると次の提案も承諾しやすくなるという心理を利用する

交渉が難しいお客様に対して、相手が答えやすい質問や商品のお得な点（好条件）を伝えて、承諾（答えてくれたり、購入を決断）した後に、さらに突っ込んだ提案（オプションなど）をすると、相手はさらに承諾をしてくれたりします。この交渉術を「ローボール・テクニック」といいます。

⇨ 答えやすい質問を用意しておく

接客時にアンケートの記入を拒否されたことがありました。ただ、軽い雑談には応じてくれます。そこで「お客様と呼ぶのもなんですから、お名前だけでも教えて頂けますか？」と質問すると「田中といいます」と答えてくれました。ほとんどのお客様は名前を聞けば答えてくれるものです。その後、お住まいの地域や職種などを伺うと話が盛り上がり、結局はアンケートを記入し、住所と連絡先まで教えてくれました。このお客様はもともと個人情報を明かすことに抵抗があったようです。このように、答えやすい質問に答えてもらえると、後からの提案にも応じやすくなるのが、ローボール・テクニックです。ただし、悪条件の提案でも承諾してしまうといった悪用もできてしまうので、注意が必要なほど使えるテクニックでもあります。

6章

商談編

51

お客様を商談に集中させるためのプリフレーム

★☆☆

心理術の一つに「プリフレーム」というものがあります。プリフレームは〝前もって枠を伝える〟ということです。商談であれば、これから話す内容について明確に伝えておくことでお客様が集中してくれるようになるのです。

ダメ営業スタッフ時代、前日に商談のロープレし、準備万端で商談に臨みました。始めこそスムーズに進みます。しかし、お客様から「これってちょっとおかしくないですか?」という予期せぬツッコミが入ります。こうなると、それに対する説明が必要になり、予想外のことで時間も多くとられ、結局「本日の商談では、ほとんど話が進まなかった」となってしまったのです……。その原因は、お客様に前もってフレームを示していなかったからです。お客様は全体像を知らないのですから、自由に話を展開させます。営業スタッフサイドで商談をリードしないと、すぐ話が脱線してしまうのも当然です。

時は経ち、トップ営業スタッフ時代のことです。担当する案件が増え、一人のお客様に割り当てられる時間が少なくなります。効率良く商談を進めるため、プリフレームを活用するようになりました。商談に入る前に「これから5分間、私から提案させていただきます。その後修正点を話し合い、50分で終了になります」と伝えたのです。このようにしてからは話が脱線して時間の割には進まない、ということが激減します。

お客様は、次から次へと興味が湧くのも自然なことです。ですから、**成り行きに任せていたのでは商談はうまく進みません。まずは、商談の前に「これから〇〇の話をし、50分後に終わります」と伝えましょう。**

このように伝えることで、営業スタッフ側もお客様側も無駄なく濃い商談ができるようになります。

POINT

「これから〇〇の話をし、50分後に終わります」と伝える

52

これぞ最強〝お品書き〟で商談を進める方法

★★☆

ここではプリフレームの進化バージョン〝お品書き商談〟を紹介します。これは、お品書きのように商談スケジュールを書いてお客様に渡すというものです。

吉田様商談メニュー

- 0〜5分　会社概要・概略説明
- 5〜15分　ご提案1プレゼン
- 15〜25分　ご提案2プレゼン
- 25〜35分　希望のすり合わせ
- 35〜45分　資金計画の打ち合わせ
- 45〜50分　質問、次のアポイント

このようなお品書きを商談前にお見せし「多少前後すると思いますが、今日はこのような予定で進めます」と伝えてから商談を始めるのです。もちろんこの通りに進まないこともあります。

また、メニューの〝ご提案1プレゼン〟をお客様が気に入ったら「ご提案2プレゼンの10分間をご提案1の詳細説明に使おう」と変更しても構いません。時間通りに進まないとしても、全体の流れをお互いに共有しておくことが大切です。

この**お品書き商談は、リモート営業（商談）でもかなり効果的**です。商談をスタートする際、画面共有して「今日はこのような予定です」と全体像を見せてから進めるのです。リモート商談は画面越しのため、ミスコミュニケーションが起こりやすいので、このように商談を始める前に全体像を示す方がいいのです。

この準備が商談の成功率を飛躍的に上げます。お品書き商談をぜひお試しください。

POINT

前もってしっかり時間配分を決めておく

53

お客様が真剣に話を聞いてくれる「両面・片面提示」

★★☆

どんなに素晴らしい商品でも、デメリットがあることをお客様は分かっています。

メリットだけを伝えることを〝片面提示〟と言いますが、商品のいいことばかりを説明してくる中、デメリットを正直に伝えてくれる営業スタッフがいたら、お客様は好感を持ってくれます。

いい面と悪い面の両方を伝えることを心理学では〝両面提示〟と言います。

両面提示をトークに応用したものを「デメリット・メリットトーク」と呼びます。

これは文字通り、始めにデメリットを伝え、追ってメリットを伝えるトークです。

始めにデメリットを言うことで「この人は正直な人だ」という印象を与えられます。

また、後から聞いたことの方が印象に残るため、メリットがより引き立つという効果もあります。

つい片面提示で、メリットを羅列してしまうと、お客様はそれをいくつも聞いているうちに「本当にいいことばかりなのだろうか?」と疑問を持ちはじめます。同じ説明でも、「設置する時に多少費用がかかりますが……」とデメリットを先に伝えたらどうでしょう。このほうがその後に伝えるメリットについて、すんなり聞き入れてくれるようになります。

新人営業スタッフは商品の説明の際、メリットばかり伝えていないでしょうか。私がコンサルティングをさせていただく際、営業に「3つ以上メリットを続けないでください」と指導します。2つメリットを伝えたら一つデメリットを伝えるようにします。このようにするだけで、お客様は話を真剣に聞いてくれるようになります。「お客様が真剣に話を聞いてくれない」と感じる人は、いい面だけでなく悪い面も伝えるようにしましょう。

POINT

メリットだけでなく、デメリットも伝える

54

2つの質問法で商談を支配する

★★★

商談は2つの質問によって流れをコントロールすることができます。

その2つの質問とは〝オープンクエスチョン・クローズドクエスチョン〟というものです。例えば「今日どこに飲みに行きたい？」と尋ねるのがオープンクエスチョンです。この聞き方では「焼肉屋がいい」「今日はワインバーがいい」「沖縄料理がいい」といろいろな意見が出てきます。答えが広がるということでオープンクエスチョンと呼ばれています。

それに対して「今日はワインバーにしない？」と尋ねるのがクローズドクエスチョンです。このように質問されると「ＹＥＳ」か「ＮＯ」で答えることになります。会話（答え）を狭めていくということでクローズドクエスチョンと呼ばれています。

商談においてのオープンクエスチョンの役割は、お客様から幅広くニーズを引き出すということです。そのとき、お客様が回答したことに対して、ジャッジしたり勝手に決めつけたりしないようにしましょう。オープンクエスチョンの最大の目的は、いろいろな質問によって表面的ではなく真のニーズを探っていくことです。

オープンクエスチョンによって、お客様のニーズがはっきりしてきたとします。そこで次はクローズドクエスチョンの出番となります。「システムを活用する目的は人件費の削減ですね」と質問し、お客様から「そうですね」をもらうのです。この流れになれば、商談は成功したようなものです。あとは条件やグレード、納期を話し合い、契約をすればいいのです。

オープンクエスチョンでお客様のニーズを広く聞き出し、クローズドクエスチョンで絞り込んでいきます。この2つの質問を使い、うまく商談を進めてください。

POINT

オープンクエスチョンとクローズドクエスチョンをうまく使い分ける

55

しゃべらずお客様を説得する方法

★☆☆

新人営業スタッフの商談の**失敗の原因の一つに〝しゃべり過ぎ〟**があります。

「時間をかけて作った提案書をしっかりと伝えたい」という気持ちが強くなり、説明が長くなったりして起こる失敗です。話が長くなると、お客様は聞き疲れてしまい、ほとんど伝わらずに終わってしまうのです。

そこで、そうならないために〝付箋（ポストイット）〟を活用します。この部分はお客様に知ってほしいといったことを付箋に書いて貼っておくのです。口頭で聞くと入ってこない説明でも、自分で読むとスッと頭に入りやすくなります。

トップ営業スタッフ時代、提案書に言いたいことを書いて貼り、提出します。「こちらが提案書です」といってしばらく黙ります。するとそれを見たお客様が「やっぱりこの部分をこういった感じに変更してほしいのですが」と言ってきます。こうなると、話ははるかにうまく進みます。商品説明だけでなく金額なども言わずに伝えられます。

- 月々の支払いはこちらです
- このオプションをつけると○万円アップします
- 今月までにご契約いただけるとこの商品をサービスできます

などなど、こういった金額の話も書いてある金額を見て、お客様は自分で考え「あとこのくらいコストダウンしたいのですが」と言ってきたりします。

商品説明も金額の説明も勝手に説明を続けるより何倍もスムーズに話が進むのです。**言いたいことは付箋に言わせる**。ぜひ商談でお試しください。

POINT

伝えたいことをあらかじめ〝ポストイット〟に書いておく

56

商談の中に〝予習と復習〟を組み込みお客様の記憶に残す

★★☆

以前、予備校講師の方とお会いした時のことです。「話が面白い先生が人気なんだろうな」と思って聞いてみたところ、「授業の中でしっかりと復習と予習をしている講師は人気がある」という話をしていました。

人気講師はまず、その日の授業内容に入る前に「前回は○○という内容だったけど、覚えているかな。ポイントは……」と軽く復習をします。こう言われた生徒は「そうそう、前回は○○だった」と思い出すものです。

そして授業の終わりの1、2分を使い「来週は△△の授業をします。コツさえつかめば簡単だから」と言って、少しだけ次の内容に触れておくのだそうです。これは生徒の記憶に残ります。

この予習復習のやり方は商談で応用できます。

2回目の商談を始める前に「前回はこの商品の話をしました。ポイントは……」と復習をします。

その後、「今日は2つほどプランをご提案しますね」と商談に入ります。終わり際に「次回は最も大事な資金について打ち合わせをさせていただきますね」と予告しておくのです。

このように進めればお客様が圧倒的に理解しやすくなります。

商談に予習と復習を組み込んでみましょう。

商談の経験が浅くても、うまく進められるようになります。

POINT

復習・予習のためのツールを用意しておく

57

優柔不断なお客様の商談をスムーズに進めるためのワザ

★★☆

人は選択肢が多くなればなるほど優柔不断になるものです。

以前、プロテインを買いにドラッグストアに行ったところ、思いのほか種類が多く迷ってしまいます。その場で決められず後回しにしたのです。

家に帰ってインターネットで検索します。さらにすごい数の商品数があります。いろいろ見ているうちに分からなくなり、結局は「どれも一緒だから一番安い物でいい」となったのです。

今は、どんな商品でも選択肢がたくさんあります。これは一見嬉しいことに感じますが、多すぎると決められなくなるといったデメリットもあります。その業界に詳しい人は別として、一般の人たちは最終的に値段かデザインで決めてしまうものです。

これはお客様に提案するときも言えることです。

例えば「こちら10種類からお選びいただけます」と提案したらどうでしょう。提案された時は「たくさん選べていい」と思うかもしれません。しかし、さんざん迷った挙句「また今度決めます」といったことになりがちです。結局お互いの時間の無駄になるのです。

お客様に提案するのなら、前もってベストなものを選び「たくさんありますが、こちらの2つがおススメです」と**二択で提案**してみましょう。その2つから選ぶお客様も少なくありません。また、選ばなかったとしてもこの2つを基準として「これより色が濃い方がいい」などと選ぶ指針になるのです。

提案するときは前もって絞って二択で提案してみてください。お客様を迷わせることなく、お互いの時間短縮になります。

POINT

自由に選択させるのではなく、こちらが選んで導いてあげる

58

商談中「まだ先の話なのですが」と言われた時の対処法

★☆☆

新人研修をさせていただいた時のことです。約10名の営業スタッフのうちほとんどが〝契約ゼロ〟でした。契約ゼロの営業スタッフは商談に苦手意識を持ってしまっているようです。その中で、一番の壁はお客様から「**まだ先の話なので、そんなに急いで話を進めなくてもいい**」と言われてしまうことです。この壁を突破できずに困っていたのです。

私自身も以前はこの断りに手を焼きました。その時の私は〝まだ先の話だから〟という断りに対して「では、いつごろご検討されるのでしょうか」と追及していました。まだ先というからには理由があるはずです。お客様は「まぁ、3年以上先ですね」などと答えます。それを聞いて「なんだ、冷やかしかぁ……」とガッカリします。商談へのテンションが下がり、次のアポも取らずに終わっていたものです。

ある時、トップ営業スタッフの先輩から「〝まだ先の話だから〟というのはお客様の挨拶なんだ。だから流しておけばいい」とアドバイスを頂きました。「まだ先」と断ってくるお客様に対して「そうですか、分かりました。そういうお客様もいるので大丈夫ですよ」とさっそく軽く流してみました。すると、そのまま次の話題にスッと移ることができたのです。

どんなお客様も営業スタッフに対して警戒心を持っています。目の前の営業スタッフに対して「この人と話を進めてもいいのかな」と迷っています。そこで〝まだ先の話なので〟と予防線を引いてくるのです。これに対してムキになって応酬する必要はありません。**ヒアリングでは、お客様の答えを深掘りしますが、ここでは深掘りすればするほどドツボにハマります。**

挨拶代わりと軽く流して話を進めてください。

POINT

出会ってすぐの断りは本当の断りではない

59

苦手分野が話題に出た時の対処法

★★☆

商談をしている際、「このジャンルの話題は苦手だなぁ」と思う時がないでしょうか。誰にも得意、不得意があります。

営業スタッフ時代のことです。少しスリムになったお客様に対して「何か運動をしているのですか」と質問します。その途端、「実はジョギングを始めましてね」と話し出します。私はジョギングに全く興味がありません。「すぐに話題が変わるだろう」と思っていたものの、話しながらどんどん熱くなっています。興味を持てない話が長くなるとだんだん苦痛になってきます。だからと言ってお客様の話を遮るわけにはいきません。

こんな時はどうすればいいのでしょうか?

その**話題の中から〝自分の興味のあることとの共通点〟を見つけてみましょう**。

話によると〝ジョギングはフォームが大切〟とのことです。適当に走れば故障の原因になるそうです。そういった意味では私の趣味のゴルフと似ています。こうなると話に興味を持てるようになるのです。

人から話を聞く際〝運良く自分の得意分野だった〟なんてことはめったになく、どうしても自分にとって興味ももてない話題になったりします。

その話題からあなたの興味があることとの共通点を探すようにしましょう。

このように対処していけば苦手な分野の話もなんとか乗り切れます。

POINT

共通点を見つけて楽しむ

60

商談の終わり方ですべてが決まる

★☆☆

以前、先輩のコンサルタントの方から「お辞儀をしたら1・2・3と数えてから頭を上げるといい」と教えてもらったことがあります。それだけで与える印象が全く違ってくるというのです。これを実感したことがあります。

ある講演会で話を聞いたことがあります。素晴らしい講演だったのですが、スピーカーの方は講演後にパッと雑に頭を下げて去っていきました。話自体は良かったものの「冷たい感じの人だ」といった印象を持ったのです。最後の最後でお辞儀を雑にしただけで、せっかくの好印象が台無しになってしまうのです。

商談終わりにパッと頭を下げて終わりという営業スタッフが多くいます。それまで丁寧に話をしても最後が雑だと印象が良くありません。すごく損をしています。

トップ営業スタッフは、商談が終わりお客様を見送る際、しっかりとお辞儀をします。車のディーラーのトップ営業スタッフは「お客様が車に乗って去るまで45度の角度でお辞儀をし続ける」と話していました。バックミラー越しにその姿を見たお客様は「本当に丁寧な人だ」といった印象を持つのです。

トップ営業スタッフは、こうした些細な行動も手を抜きません。だからこそ結果が出るのです。

知人のトップ営業スタッフは、お客様を見送る際、「45度でお辞儀をしたら1・2・3まで数えてからゆっくり頭を上げるようにしている」と言っていました。たとえ商談自体が失敗したとしても「丁寧に対応してくれた」という印象を与えられます。リベンジのチャンスを頂ける可能性も高くなるのです。簡単にできてすぐに効果が実感できるテクニックです。ぜひお試しください。

POINT

45度でお辞儀をし「1・2・3」とカウントしてから頭を上げる

できる営業心理学テク

提案と譲歩を繰り返す交渉の場面で、よく使われる2つの交渉テクニック

人に何か物を買ってもらいたいなど頼みごと（お願い）をするとき、始めに小さな頼みごとをして引き受けてもらえたら、次に本来買ってもらいたいものをお願いすると、すんなり買ってもらえたりします。この「小さな依頼から始める」交渉テクニックを「フット・イン・ザ・ドア」といいます。化粧品の試供品やお試し期間などを受けた人は、その通常商品の購入を促すと、強くお願いをしなくても買ってくれやすくなります。

⇨ 目的の依頼より大きな（無理な）お願いを先にすると……

フット・イン・ザ・ドアとは逆に、例えば、お母さんに「お小遣いを１万円欲しい」と言って断られたら「じゃあ、5000円でいいから」と言うと「しょうがないわね」と5000円を出してもらえたりします。実は１万円は見せ玉で、最初から5000円が欲しかったとしたら、これは「ドア・イン・ザ・フェイス」という交渉テクニックです。目的の依頼より大きな（無理な）お願いを先にして、後からそれよりスケールの小さい依頼をすると、相手は後からの依頼を受けいれやすくなるのです。

紹介した２つのテクニックは交渉シーンでよく使われます。

7章

クロージングのスキル

61

〝見積書を出しても決まらない〟の壁を乗り越える

★★★

新人営業スタッフが最も難しいと感じるのが〝見積書を出すタイミング〟ではないでしょうか。失敗すれば今までの苦労が水の泡になってしまうからです。

これは、私自身もずっと悩んできました。見積書を出した途端、その後〝アポイントが取れなくなる〟といった経験を何度もしました。失敗だと分かった瞬間、「あぁ、またタイミングを間違えたか……」と後悔したものです。

一番好ましいのは、見積書を出してその場で「金額はこれで問題ありませんね。契約しましょう」と決まることです。しかし、そんなことはめったに起こりません。たいていは「ではこれで検討して、後でこちらから連絡します」と〝連絡待ち〟という感じになります。しかし、その〝後で〟はやってこず……そのまま敗戦に。

運良く連絡がついたとしても「他で決めましたから」と、冷たく言い放たれるだけでした。

ある時、トップの方から「**見積書は最後に出さないと決まらないよ**」と言われたことがありました。

確かに競合相手より先に出せば不利になります。その見積書をもとに交渉されてしまえば、その時点でほぼ負けは決定的になります。

それからは**できる限り最後に提出するように心がけた**のです。始めこそ「とにかく最後に出す」と強引にやっていた感じです。

それでも結果は出ました。

その後〝強引に最後まで出さない〟というのではなく「細かいところまで聞き取って行くうちに自然に最後の方になる」といったように進化したのです。

少し難易度は高いですが、ぜひこのイメージを覚えておいてください。

POINT

できる限り見積書は最後に出すようにする

62

ベタだけど効果絶大の「あなただけ特別」

★☆☆

人は誰でも「**あなただけは特別**」という言葉に弱いものです。日常生活でも、「あなただから相談するのですが」という会話が行われます。これによって相手に対して好意や信頼を寄せてしまうことがあります。こういったことをハード・トゥ・ゲット・テクニックと言います。

クロージングに際しては、たとえ普通の条件の提示であっても「今回は特別価格にさせていただきました」と言ってみるのです。**ベタなフレーズですが、効果はバツグン**です。

あなたが何かを買う立場だとして、営業スタッフから「こちらが見積書です。これで検討してください」とサラッと言われたらどうでしょうか？　これでは何の特別感もありません。「せっかくだから、もう2～3社検討するか」となるでしょう。

そうではなく「こちらが見積書です。〇〇さんだけ特別価格にさせていただきました」と言われたらどうでしょうか。たいていは〝**あなただけ特別**〟と言われるといい気分になってしまうものです。

お客様の心理として検討段階ではあまり深く考えずに話をします。しかし、クロージングが近づくと「せっかく契約するのなら自分だけは他のお客様よりいい条件でしたい」と思うようになります。**なんだかんだ言っても特別扱いされたいもの**なのです。

金額提示をする際に「お客様だけ特別条件でさせていただきます」と言いながら出してみてください。シンプルな方法ですが、これでクロージングの成功率が格段にアップします。

POINT

見積書を提出する際、特別感を演出する

63

お客様の背中をそっと押すフォールス・コンセンサス

★★☆

契約前のお客様は「本当にここに決めていいのか」と気持ちが揺れ動きます。**不安を取り除くために、営業スタッフはさまざまな方法で説得します。**その一つの方法として〝他のお客様が満足している例〟を伝えます。それを見たお客様は「他のお客様がこれだけ満足しているのだから」と安心します。この心理を「フォールス・コンセンサス」と言います。

あるお客様と商談していた時のことです。クロージングも決まりお客様から「菊原さんにお願いしようと思います」と言われます。営業スタッフにとって一番の薬は契約です。これをきっかけに前向きに仕事をし、いい循環がまわり始めます。

ただここに落とし穴がありました。

他の仕事をハリきり過ぎてこのお客様のフォローを少し怠ってしまったのです。悪いことにそのタイミングで他社が入ってしまいます。このお客様をつなぎ止めようと必死にメールを送ったり手紙を送ったりしました。

しかし、結果は敗戦。後から入ってくる会社の方が断然有利です。この場になって競合を入れさせてしまった私が悪かったのです。「菊原さんにお願いしようと思っているんです」という言葉に油断してしまったのが最大の原因です。

もし、契約が決まりかけた翌日に【すでに購入したお客様が商品や私のことに関して満足している声を集めた資料】を送っていたらどうだったでしょうか。もし資料を送っていれば、土壇場の敗戦は防げたかもしれません。

クロージングが成功したら〝商品や自分に満足した例〟をまとめてお客様に送りましょう。これでお客様は安心して契約書にハンコを押してくれます。

POINT

商品、あなたの満足例集を集めておく

64

最後の一押しをクリアする一言

★☆☆

ネットでもリアルでも手続きが複雑と感じることも少なくありません。

ある飲食店のテーブルに〝アプリをダウンロードして登録すれば食後にスイーツがもらえる〟というものを見つけたことがありました。せっかくだからと試みたところ、なぜかうまく手続きが進みません。原因が分からず結局諦めました。提供する側は「こんな簡単な手続きならば誰でもできるだろ」と思っていますが、受け取る側は意外にできないのです。お客様の多くは、買う決断をしても「手続きが面倒くさそう」と思っていたりします。こういった**壁を打ち破る一言を言えるかどうかで、クロージングが成功するか失敗するかが決まる**のです。

例えば、あなたが何か買おうか迷っていたとします。そんな時、店員さんが「今会員登録してもらえれば10％値引きできます。手続は簡単ですし、なんだったら私がやりますから」と言ってくれたらどうでしょうか。思わずスマホを渡し、登録してもらいすぐに購入を決めませんか。そこでの「会員登録を私がやりますから」という言葉は大きな後押しになります。こういった一言でお客様は購入を決めるのです。

売る側は毎日やっていますから、簡単だと思うかもしれません。ここに落とし穴があります。意外にも「買おうとも思ったけど、進め方がよく分からないし」と些細なことに引っかかっているお客様も少なくないのです。しかもそのことに関して実際に口に出して言ってはくれません。

お客様が面倒だと思っている部分をこちらから声をかけて取り除くようにしましょう。たった一言の「これはこちらでやりますから」で購入を決めることもよくあるのです。

POINT

契約前はできるだけお客様の手を煩わせない

65

お客様自ら「今決めるのがベストだ」と気づくように誘導する方法

★★☆

お客様は上からものを言われたり、命令されたりすると反発するものです。そうではなくお客様自ら気がつくように導いた方がいい結果につながります。

ある日のゴルフでのことです。調子の出ない私を見た知人が「なんかいつもよりスタンスが広い感じだけどどう?」と声をかけてくれました。その一言でミスに気がつき調子が戻り、まあまあのスコアでラウンドできました。上から目線で「こう直せ」と言われたのではなく、私自身が考えて変えたからこそすんなり受け入れられたのです。

この知人のように〝**相手が気づくようにアドバイス**〟してくれる人はありがたいものです。

商談しているお客様が決断できずに迷っているとします。どう考えても今決断した方がいい状況です。そんな時は思わず「今が買い時ですよ。ここで先延ばしにしたら絶対損しますから」などと言ってしまいがちになります。そう言われると反発心が生まれ、決めたくなくなります。

トップ営業スタッフは、そのような言い方はしません。買い時のお客様に対して「今購入するのと3月まで待ってから購入するのではどちらがいいと思いますか？」と**質問します**。するとお客様は少し考えて「やはり今購入した方がメリットは大きいですね」と答えたりするものです。

クロージングの際、お客様自身が自らメリットがあることに気づくようにうまく質問してください。そうすることでお客様自ら考えスパッと決断するのです。

POINT

お客様の決断を促す質問を用意しておく

66

失敗しても気まずくならないクロージング方法

★★☆

お客様と商談が煮詰まりました。

いよいよクロージングです。当時経験が浅かった私は、ガチガチに力みながら「ぜっ、ぜひこの条件で契約してください！」と決断を迫ったのです。するとお客様から「う～ん、もう少し検討したいので……」と肩透かしされます。

一度決断を迫って断られると次のアポイントが取れなくなります。このお客様とはアポイントが途絶え、やりとりは自然消滅しました。

「ここが決め時だ」と判断してクロージングしたお客様にあっさり断られた、という経験を一度や二度はしたことがあるでしょう。これはショックが大きいものです。

私は長い間、クロージングとは一発勝負だと思い込んでいました。ただ「もう少し考えたい」とかわされると、かなり気まずくなります。タイミングの判断も言い方も非常に難しいのです。

売れる営業スタッフは契約を迫らず「これで話を進めてもよろしいでしょうか？」とサラッと背中を押します。お客様は商品を気に入り、条件面で納得すればお願いされなくても自分から話を進めます。あくまでも話を進めるかどうかを決めるのはお客様というスタンスなのです。

お客様が承諾したら「では契約の手続きについて説明します」と話を進めます。この聞き方の最大のメリットは、もしＮＯだったとしても「ではその部分についてもう少し相談しましょう」とサラッと商談へ戻れることです。これなら経験が浅い人でもクロージングができるようになります。この気まずくならないクロージング方法をぜひお試しください。

POINT

クロージングに失敗してもサラッと商談に戻る

67

契約時のアップセルで売り上げを増やす

★★★

営業のノウハウというのは、身近なところから学ぶこともあります。特に自分が買う立場になった際にいい気づきを得られることがあるものです。

娘の塾について検討していた時のことです。クロージングについては「今決めていただければ来週の水曜日から授業が受けられます」といったもので、それに承諾しました。

入会を決め、書類にサインしていると担当者が「あとプラス〇〇円で、こちらの教材もお使いいただけます」と提案してきます。クロージングが決まってからのアップセルです。**アップセルとは〝購入を決めたお客様に対して、オプションを提案する〟**といった手法です。

一度購入を決めたお客様は財布のヒモがゆるくなりがちになります。いわゆる、ハンバーガーを購入した後に〝ポテトもいかがですか？〟と一声かけて売り上げを増す方法です。セールスとしては常套手段なため「ちょっと嫌な感じだな」という印象を持ったのです。

ただ、この担当者は優秀で、私のその雰囲気を察知したのでしょう。すかさず「これを売っても私にはメリットがないんですよ。ただ使いやすいからと思いまして」と付け加えたのです。これが本当かどうか分かりませんが、この一言で「だったら信用できるかな」と思いました。結局、すべての教材は購入しなかったものの、この担当のおススメを購入することにしたのです。

メリットを含ませた自然なクロージングからのアップセル、これは見事です。**クロージングが決まったらそこで終わらず次につなげるようにする**。こちらも少し難易度が高いですが、クロージングからのアップセルの流れをつくってください。

POINT

契約後のアップセルトークを準備しておく

68

契約時と契約後のキャンセルを防ぐ

★★☆

以前、ある会社と契約した際、担当者が「菊原さんの足手まといにならないといいのですが……」といった言葉を付け加えたのです。その担当者は「謙遜したほうがいい」と思っているのかもしれません。しかし、私としてはその一言でちょっと不安になりました。

やはりそこは「**しっかりやりますので、私にお任せください！**」と力強く言ってほしかったです。

お客様と商談を重ねクロージングに成功し、晴れて契約になったとします。その時、あなたはお客様にどんな言葉をかけているでしょうか？

新人営業スタッフであれば「若輩者で、うまくできるか分かりませんが……」などと言ってしまいがちになります。経験が浅いので無理もありません。しかし、そんなことを口走ってしまったら、たちまちお客様は不安になり「他の会社の方がよかったな」と後悔し始めます。契約書に名前を書くのをやめ、「もう少しだけ考えさせてください」と言われてしまうことだってあります。仮に契約になったとしても後々に響きます。余計なひと言で〝キャンセルの元〟を芽生えさせてしまうのです。

そうではなく、自信をもって「私にお任せください！」と宣言してしまいましょう。その一言でお客様は「この人に決めてよかった」と思うのです。

新人営業スタッフほど契約時はお客様が安心する言葉を伝えてください。

POINT

契約後は堂々とした態度で力強い言葉を伝える

69

断られたお客様に「こんな時はご相談ください」と伝える

★☆☆

クロージングに失敗する、これはなんとも悔しいものです。さらにキツイのはその断りを上司が受け入れてくれないことです。営業スタッフ時代は、クロージングの失敗を上司に報告すると「もう一度行ってこい！」と活を入れられたものです。そして、しぶしぶお客様のところへ行き「もう一度チャンスをください！」と粘ったこともありました。しかしやればやるほど「もう決めたことですから」と断った理由をより強固にしただけだったのです。

これは、私が買う立場になってから実感したのですが、断るにもかなりの労力を使います。以前、相見積を取った会社に「いろいろとお手間をかけましたが他で決めました」と断りの電話を入れたことがありました。その後、その営業スタッフに粘られます。断られた後にしつこくされるほど嫌なものはないのです。

そんな時こそ**アナログツールの手紙が威力を発揮**します。断った後にあれこれ言われるのは嫌ですが、手紙なら比較的抵抗なく読むことができます。メールでもいいのですが、やはり**手紙の方がインパクトはあります**。

お客様の心理というのは決めた直後、心のどこかに「やっぱりA社じゃなくてB社の方が良かったのでは……」という気持ちが残っています。そんな時に『契約後は○○についてお困りになることもあるかもしれません、その時はぜひ私にご相談くださ い』という手紙が届いたら……。

契約を取った会社の営業スタッフは油断してフォローを手薄にすることもあるのです。そんな不満を持った時であれば、心はグラッと動きます！　クロージングに失敗したらソフトに文章でアプローチしてみましょう。

POINT

断られた時用のツールを準備しておく

70

お客様に断られてから三手打つ

★★☆

どんな凄腕営業スタッフでも勝率100％は無理です。

ただここで、トップ営業スタッフはただ単に泣き寝入りはしません。知人のトップ営業スタッフは「お客様から断られてから三手打つ」といった話をしています。と言っても「そこを何とか、もう一回考え直してくださいよぉ～」などとしつこく粘るというのではありません。そんなことをすれば嫌われるだけです。

その営業スタッフはお客様から断られたら

1手　「こんなことがあったらご相談ください」というメールを送る
2手　商談をしてくれたことに対しての感謝の手紙を送る
3手　今後の改善のためのアンケートを書いてもらう

といった方法を取ります。お客様によって多少変えますが「この方法で結構な数、逆転しましたよ」と言っていました。

断られてそのまま終わりではノーチャンスです。何か手を打つ方がいいに決まっています。ただしやみくもに粘るのではなく、お客様に迷惑がかからない方法を考えてチャンスをうかがうようにしてください。それで一つでも逆転で拾えれば儲けものです。

まずは真剣に商談に臨んでしっかりとクロージングしてください。

その結果、**断られてしまったら「ここから何か三手打つ」と考えてみましょう。**

わずかな行動から逆転劇が起こることもよくあります。

POINT

三手先まで用意しておく

できる営業心理学テク

商談や契約が御破算になりかけたとき、一発逆転を狙える質問フレーズがある

以前、契約間近のお客様から「やっぱり、考え直したい」と連絡が入ったことがありました。これはマズいと思い、すぐに会い行き、お客様の話をとことん聞いていると最後に「この先どうなるか分からないので、大きなことはやめようと思って」と言いました。私が「もし、将来の不安要素がなくなったらどうでしょうか？」と尋ねてみると、「不安がなければ、契約したいです」と答えてくれました。そこで、「もし、契約をやめても、今後の状況が変わらなかったらどうでしょうか？」と聞くと「後悔するかもしれませんね」と言います。

⇨「もし～」は、視点が変わるきっかけになる

「でしたら、後悔しないために、考え直しませんか？」と促すと「そうですね、不安要素も含めて、もう一度検討してみます」と答えてくれました。これで消えかけた契約の話は復活し、その後、不安要素を払拭すべく計画を見直して、無事に契約しました。この「もし～」の質問は、「アズ・イフ・フレーム」という、前向きな考えに向き直してもらう質問テクニックです。クロージングの段階で契約に後ろ向きになった相手に、その思い込みを外す起死回生のフレーズが「もし～」なのです。

8章

アフターフォロー・紹介のスキル

71

契約のキャンセルを防ぎ紹介を増やす方法

★☆☆

出会ったお客様から契約をいただく、営業スタッフにとって最もうれしい瞬間です。しかし、ここで安心すれば落とし穴にはまってしまうのです。

ダメ営業スタッフ時代の私は、ご契約いただいたお客様と最小限の接点しか持ちませんでした。新規のお客様に時間を使いたいのと「下手に連絡して面倒を起こしたくない」と思っていたからです。これが最大の過ちでした。その結果、問題やトラブルが多く発生することになります。お客様との信頼度は契約した時がピークで、その後どんどん下がっていったのです。せっかくいただいた契約がキャンセルになることもありました。

一方、**成績のいい先輩はとにかくお客様によく報告するタイプです**。現場でのトラブルがほとんどありませんし、よく紹介をもらっていました。その姿を見て「これは見習うべきだ」と反省し、取り入れるようにしました。そして、お客様にマメに報告するようになってからトラブルは激減したのです。

扱っている商品によって異なりますが、**考えれば報告することはたくさんあります**。「明日か明後日に書類が届きます」「今週末にメンテナンスを予定しております」といった今後の予定や進捗状況を報告します。

見込み客に何度も電話すると嫌がられますが、**既にご契約いただいたお客様への電話は喜ばれます**。お客様はどのように進んでいくかをはっきりとは理解していません。どんな細かい情報でもありがたいと思います。

多くの営業スタッフは契約後にお客様と疎遠になりがちです。そんな中、**しっかりフォローすることで「この人は信用できる」と思ってもらえます**。こまめに報告をして多く接点を持ってください。そう心がけることでお客様とのトラブルを減少させ、やがては紹介も生むのです。

POINT

契約したお客様に細かく状況を報告する

72

手ごわいお客様から追加契約をもらう方法

★★☆

お客様と晴れて契約になりました。普通の営業スタッフは喜んで終わりですが、トップ営業スタッフはそこからギアをさらに上げます。契約後のお客様から追加契約をもらうのです。

ハンコを押すまで警戒心を持っていたお客様も、契約すれば一気に緊張が解けて無防備になります。それを心理術では「テンション・リダクション」と言います。

私が担当していたお客様で契約後に500万円も追加した人がいました。契約までは財布のヒモがきつかったお客様も契約後は一気に緩みます。私自身も経験したことがありますが、一度購入を決めると「せっかくだから」といろいろ追加したくなります。始めは予算通りだったのに、気づけばかなりのオーバーです。結局高い買い物になったりするのです。この時、担当の方が「こちらは割高ですからやめておきましょう」とアドバイスしてくれたら、どれほど感謝したことか。

契約が決まってしまうと途端に気が緩むお客様が多くいらっしゃいます。ある程度はいいのですが、**行きすぎてしまった場合は歯止めをかけることも営業スタッフの大切な役目の一つ**です。

「このオプションは無駄になりますから、やめましょう」とアドバイスしてくれる営業スタッフは、契約後もさらに信頼度を増します。

自分の利益だけでなく、お客様のことを考えてくれるアドバイスは、お客様に伝わります。このようなスタンスの営業スタッフは、お客様から常に必要とされる存在となるでしょう。

そこで、追加の契約が減ったとしても、数年後にリピートする確率は高まります。

さらには、お客様自ら新しい見込み客を紹介してくれるようになるのです。

POINT

お客様の行き過ぎた追加契約にストップをかけてあげる

73

良い口コミを意図的に増やす

★★☆

販売会社の「この商品は最高の品質で、とても良い商品ですよ」という売り込みを鵜呑みにしてすぐ買うお客様は、ほぼいないでしょう。

しかし、それが第三者の意見だと印象は変わります。口コミやレビューで高評価だと途端に信ぴょう性が増し「これに決めよう」と決定ボタンをクリックしてしまったりするものなのです。影響力のあるテレビ番組で「このコンビニのスイーツが満足度ナンバー1」などと紹介されると、次の日には品切れや品薄になることもあります。こういったことを心理術で「ウィンザー効果」と言います。

私自身、何かを買う際は口コミに頼ることが多くなりました。少し前に健康器具を購入した際「これはうまいな」と思ったことがあります。まずはネットで「いろいろ使ってみたが、これ以上使いやすい器具はない」といった口コミを見て購入を決めました。

この会社がすごいのはここからです。

購入する際「購入後レビューを投稿してくれれば5％引きします」というオファーがあり、それに承諾し、購入後「使いやすく効果があった」と書き込みをしました。その後、私の書き込みを見て「これに決めよう」といったお客様がきっと出てくるでしょう。非常にクレバーな作戦だと感じました。

また〝レビューを書けば5％引き〟のサービスによってキャンセルも防げます。ちなみに「3カ月以内ならいつでも返品可能」となっています。書き込みをした手前、使わなくなっても返品しようとも思わなくなるのです。口コミを書いてくれたお客様にちょっとしたプレゼントを用意するのも良いでしょう。計画的に口コミを書き込んでもらうことでキャンセルを防ぎ、紹介が増えます。

POINT

口コミしてくれたお客様にちょっとしたプレゼントを用意する

74

★★☆

商談中のお客様に〝オーナー客とのやり取り〟を話す効果

効率の悪い訪問営業をやめ、ツールで結果を出したことで移動時間が減ったときのことです。だからといって一日中事務所にいるのもストレスがたまります。そこで、気分転換も兼ねて購入後のお客様のところへ行くようになったのです。

過去の私は、契約後のお客様との関係が希薄になっており、商談中のお客様から見ても何の魅力もない営業スタッフだったのです。そんな私ですが、**購入後のお客様へ顔を出すようになってからは、追加工事やご紹介の話を多く頂けるようになりました。**

顔を出すことで、オーナー（お客様）との関係が深まったのはもちろん、さらに意外な効果が現れます。それは商談しているお客様とうまく話が進むようになったということです。

購入後のお客様と接する機会が増えたことで、お客様が後悔している点や満足している点がリアルに理解できるようになりました。例えば、ちょっと高額な設備についても「10年前にお引き渡ししたお客様の家にお邪魔したのですが、そのときに〝この設備は使いづらい〟と言ってました」とアドバイスできるようになります。

このように**カタログ上の話ではなく、実際の生きた情報を提供できるようになっていったのです**。購入後のお客様の話を交えることにより「菊原さんは10年前のお客様とも付き合いがあるのか。買った後もきちんと面倒を見てくれそうだ」といったイメージを持ってもらえます。こういった一言でお客様から信頼を得られるのです。商談からクロージングまでスムーズに話が進められるようになりました。

契約後のお客様と顔を会わせ、話を聞くようにしてください。そういったスタンスは新規のお客様に必ず伝わります。

POINT

買ってもらったお客様との関係を良くすれば契約数は伸びる

75

一つ一つの作業をイベント化して満足度を上げる

★★☆

営業スタッフにとって**〝お客様から紹介がもらえるかどうか〟は非常に重要な要素**になります。紹介頂いたお客様は話がスムーズに進みますし、契約率も高いのです。

長年トップの成績を維持している営業スタッフは契約したお客様から一定数の紹介をもらい、楽しそうに営業活動をしています。

一方、苦戦している営業スタッフは契約したお客様から紹介がもらえず、常にお客様を探し苦しい状態です。紹介をもらえるかどうかは営業スタッフにとって非常に大きな要素なのです。

ハウスメーカーのトップ営業スタッフとお会いしたときのことです。契約のほとんどは紹介というすごい方でした。その秘訣を聞いたところ「一つ一つのイベントを丁寧にすることですね」といった回答が返ってきました。家づくりをスタートする前に神主さんを呼んで「地鎮祭」という、神様に土地を利用させてもらう許しを得る儀式のようなことを行います。ほとんどのお客様は地鎮祭をやった経験がなく戸惑います。そこで簡単な〝地鎮祭についてまとめた動画〟のようなもので分かりやすく説明するというのです。

始めは「お子さんに分かりやすく伝える」ことが目的だったようですが、大人に好評でそのまま続けているとのことでした。

地鎮祭の意味と目的を理解してもらえれば式への思い入れが強くなります。

こうして一つ一つのイベントを思い出深いものにしていくのです。

紹介をもらう方は、大きなことをしようとするのではなく、一つ一つ丁寧に行っています。

あなたの扱っている商品でもこうした工夫ができることが必ずあります。

まずは一つでいいので、**お客様の印象に残る工夫をしてみてください。**

POINT

説明動画を一つ作ってみる

76

ほんのわずかな差で〝紹介がもらえるか、もらえないか〟が決まる

★☆☆

営業スタッフ時代のことです。近くによく紹介をもらう先輩がいました。その先輩がよく言っていたのは「紹介をもらうにはお客様の期待を上回るサービスを提供することが大切だ」ということでした。

当時の私はその言葉に対して「お客様の期待をはるかに上回るサービスをしなくてはならない」と勘違いしてしまいます。ですから「サプライズ的なサービスは自分には無理だな」と始めから挑戦すらしなかったのです。

以前、保険のトップ営業スタッフとお会いした時のことです。この方は、ほぼ100%の契約をお客様の紹介から取っていると言います。謙遜かもしれませんが、その営業スタッフは「マメでもないですし、仕事もできる方ではありません」と言います。話を聞きながらも「どうして紹介がもらえるのだろう?」と不思議に思っていました。

その営業スタッフが教えてくれたのは「**なにも大げさに考えず、お客様の期待を1%でも上回ればいいんです**」といったことです。ほんの少しだけ上回ればいいことであって、大感動を与えなくてもいいと言うのです。

これは目からうろこでした。そう考えるといろいろなアイデアが出てきます。

- 予定より早く仕事を仕上げる
- 2回報告をするところを3回にする
- 書類についてほんの少し書きやすく工夫しておく

ご契約いただいたお客様にすごいことをして感動を与えようと思うと難しくなります。そうではなく「相手の期待を1%上回ればいい」と考えれば発想は広がるものです。お客様の期待値をほんの少しだけ上回る工夫をしましょう。

POINT

ほんの少しでもいいので自分ができることをする

77

確実に紹介率を高める〝紹介フレーズ〟

★☆☆

私自身、常にお客様が枯渇している苦しい時代も経験しましたし、常にいいお客様が集まってくるいい状態も経験しました。いい状態になった時はお客様からの紹介も増えたものです。そのときはただ単に紹介依頼をするのではなく〝紹介が出やすい工夫〟をしていました。

契約したお客様とお話ししていたときのことです。このお客様とは商談をしているときからいい関係を築いていました。打ち合わせをしているとお客様が「家づくりを考えている同僚がいましてね。今度、菊原さんに紹介しますよ」と言ってきます。これは営業スタッフにとって本当に嬉しいことです。

そこで、私はお客様に「同僚の人に私のことを**〝一番いいローンを組んでくれる営業スタッフだ〟とご紹介ください**」と伝えました。数週間後、お客様を紹介していただきお会いすることに。そのお客様はお会いしてすぐに「菊原さんは資金計画のプロですから安心して相談できます」と言ってくれたのです。私のことをプロと認識していただいたため、話はスムーズに進みます。競合が入ることなく契約になったのです。

私の場合、資金計画が得意だったので、〝一番いいローンを組んでくれる営業スタッフ〟という紹介フレーズを考えました。そう伝えるようになってから紹介数も契約率も格段に上がったのです。

紹介を頂くとき、ただ単に「ぜひよろしくお願いします」と言うだけでなく、「**その方に私のことを〝○○が得意な人〟と伝えてください**」とお願いしてください。その方がお客様も紹介しやすいですし、お会いしたときの印象がまるで違ってきます。


あなたの紹介フレーズを考えてみてください。

その方がお客様も宣伝しやすくなりますし、契約率も高くなる最高の方法です。

POINT

お客様が覚えやすい紹介フレーズを考える

78

「質問→促し→準備→聞き込み」といった紹介必勝パターンを考えておく

★★★

トップ営業スタッフは、こうやればうまくいくといった〝必勝パターン〟を持っています。初対面、商談、クロージングなど、その様子を動画で見させていただくと、見事に同じパターンで商談をまとめていきます。

一方、苦戦している営業スタッフは、その都度やり方がバラバラです。うまくいったりいかなかったり〝結果は運次第〟といった感じです。この差が大きな結果の差になってくるのです。

これは紹介をいただくときも同じです。生命保険のトップ営業スタッフは**お客様から紹介をもらう必勝パターンを構築しています**。

まず、ステップ１で「保険で貯金できる方法について興味がありそうな人はいますか？」と質問します。ステップ２で、お客様が考え出したら「例えば学生時代の友人とか、会社の同僚とか、ご兄弟とか」とヒントを出して促していきます。ステップ3で、お客様が思い出したら手帳を出してメモする準備をします。するとお客様は後に引けなくなり、名前と連絡先を言うのです。ステップ4は、名前を教えてもらったら「この人はどんな人ですか？」とその人について聞き込むのです。

その流れで「その方にお役立ち情報送ってもよろしいですか？　ご迷惑はおかけしませんので」とお願いします。最後にダメ押しで、紹介頂けたときのメリットを伝えるといった感じです。この流れで紹介依頼すれば高確率でもらえそうです。

あなたの紹介取得必勝パターンを考えてみてください。さらに〝紹介記入シート〟などのツールがあるといいでしょう。

これで何倍も紹介がもらえるようになります。

POINT

紹介必勝パターンのためのトークやツールを考えておく

79

雑談の中で「いい仕事をしたら友達を紹介してください」と伝える

★★☆

紹介をたくさんもらう営業スタッフというと「すごい実力の持ち主なんだろうな」と思うものです。それは間違いありませんが、普通の実力でもかなりの数の紹介をもらっている営業スタッフもいるのです。

後輩でお客様からよく紹介をもらっていた営業スタッフがいました。成績は普通にもかかわらず、紹介数だけはトップ営業スタッフ並みにもらっていたのです。紹介数がこれほど出ているのには必ず何か理由があります。

ある時、後輩と紹介について話をしたことがあります。すると後輩は「**お客様と出会った時から〝いい仕事をしたらそのときは友達を紹介してくださいね〟と言っていますよ**」と教えてくれました。まさか、出会ったときに依頼しているとは思ってもみませんでした。この話を聞いたとき「なるほど、これがコツだったんだな」と後輩が紹介を多くもらえる理由が分かったのです。カッチリ依頼するのではなく、**雑談の中でサラッと伝えるのがポイント**とのことです。これはいいヒントになりました。

それからタイミングをみて「いい仕事をしたら、ぜひ友達を紹介してください」と伝えるようにしました。打ち解ければ初めて会ったときに伝えますし、遅くとも3回目までには伝えるようにしたのです。それからは紹介をもらえる数が増えました。

お客様は、自ら「積極的に知り合いを紹介しよう」などとは思ってくれません。営業スタッフから繰り返し伝える必要があります。

出会った時からお客様に紹介の意識を高めてもらいましょう。

POINT

軽い感じの〝紹介依頼トーク〟を考えてみる

80

いつでもサッと出せる〝紹介セット〟を準備しておく

★☆☆

法人営業のトップの方に「カバンの中身を見せてもらえますか?」とお願いしたことがありました。アプローチブック、資料、手帳、パソコン、計算機、ノート、筆記用具などなど、特に変わったものはなかったものの一つだけ他の営業スタッフが持っていないものが入っていました。それはその営業スタッフが〝紹介セット〟と読んでいるツールです。

紹介セットとは紹介の話が出た時「ではこれをその方に渡していただけますか」と渡すものです。このようなツールが入っていました。

紹介セットの中身

- 名刺(顔写真付き)
- 自己紹介文(プロフィール、得意分野など)

- 簡易資料、カタログ
- ご提案メニュー

大きさもコンパクトで渡しやすいツールです。これは便利です。
紹介すると言ってもお客様はすぐに忘れてしまいます。手元に紹介セットがあれば「その方に次お会いしたときにこちらを渡してください」と言って渡しておけば紹介率も上がります。

さらにやっていただきたいことがあります。それは**「今その方と連絡が取れますか？」と聞いてみる**ことです。意外に「じゃあ今聞いてみるね」と言って、電話をかけてくれる人もいます。それが最も紹介のチャンスをつかめる方法です。

私が好きな紹介の言葉で「紹介は一瞬で生まれ、一瞬で消えていく」というものがあります。せっかくのチャンスを逃さないようにしてください。

POINT

紹介セットを作ってみる

できる営業心理学テク

どんなお客様でも契約後にキャンセルする可能性がある。フォローが大事

とくに“高額商品”を買った直後に、不安や後悔の念にかられたことはありませんか？　高額であればあるほど、清水の舞台から飛び降りるくらいの気持ちで買ったモノが、金額に見合った価値が本当にあるのかと気をもんでしまったりします。この不安な心理を「バイヤーズリモース」といいます。この状態の人は、何かのきっかけで、商品を返品したり、契約をキャンセルしたりします。

⇒誰にでも起きる不安や後悔の気持ち

バイヤーズリモースは、すべてのお客様に必ず起きる心理傾向です。その気持ちが強くなると「やっぱりやめよう」と思いキャンセル等の行動に走ってしまうのです。そんなお客様は、実はキャンセルではなく、漠然とした不安を解消したいと考えているのです。営業としてできることは、契約直後にお客様が不安にならないようにしっかりフォローすることにつきます。契約直後にお礼メールや手紙を送ったり、何か理由をつけて会い、「いいタイミングでご決断されましたね」と伝えて安心させましょう。できる営業スタッフは、そのような後フォローが入念で、キャンセルの芽を摘んでいるものです。

9章

モチベーション

81

適度なモチベーションを維持するための〝ヤーキース・ドットソンの法則〟

★☆☆

営業活動をする上で〝やる気が長続きするかどうか〟はとても大切になってきます。仕事への刺激がなくなりマンネリ化すれば、やる気はなくなり、逆にプレッシャーが強くなり刺激が強すぎても、ストレスでモチベーションは上がりません。ちょうどいい状態の時にパフォーマンスは最も高くなります。これを「ヤーキース・ドットソンの法則」と言います。この法則を覚えておくと目標達成の際に活用できます。

営業スタッフは年度初めに〝その年の目標〟を設定します。
例えば「今年は同期の中でトップ3に食い込むぞ」という目標を立てたとします。しかし、1カ月経った頃には「トップ3なんて無理だ」と、やる気を失ってしまうのです。モチベーションが落ちてしまう原因は〝目標と今やっていること〟のギャップが大きすぎるからです。そうではなく複数のステップを設定するといいのです。

「会社のトップ3に入る」↓「四半期で3つ契約を取る」↓「今月一つ契約を取る」。こうなると「今月一つ契約を取るために何をしたらいいのか？」という発想が出てきます。そうすれば、

- 毎日、お客様にお役立ちメールを10通出す
- 接客のツールを作成する
- プレゼンの練習をする

と具体的に考えられるようになります。**どんなことも、小さなことの積み重ねから始まります**。最終目標だけでなく間の細かい目標を立ててモチベーションを維持するようにしましょう。

POINT

目標達成のための細かいステップをつくる

82

逆境を前に向かうためのモチベーションに変換する

★★☆

トップ営業スタッフは「いつも順調で悩みもない」というイメージがあります。私自身もずっとそう思っていました。

ある時、トップ営業スタッフと同じ営業所に異動になったことがあります。近くで働いてみてすぐに「悩みや問題をたくさん抱えているんだな」と驚いたものです。

ただ、その悩みや問題の捉え方が私と違いました。**トップ営業スタッフは悩みや問題をネガティブに捉えていなかったのです。**

お客様に断られたとしても「なるほど、このタイミングでクロージングするとうまくいかないんだな。次から注意しよう」と次の商談の教訓とします。また、お客様からのクレームが発生しても「これをうまく解決すれば信頼度が上がり紹介をもらえるぞ」とプラスに考えます。どんなことも、前に進む力に変えていたのです。

営業活動をしていれば、調子がいい時期もあります。いいお客様とどんどん出会ったり、失敗しても契約になったり、こういった時は流れに任せておけば自然にいい方向に進んでいくものです。

しかし、それが一転して逆風が吹くこともあります。**逆境のときこそ「これは飛躍のチャンスだぞ」と考える**ようにしましょう。多くの人から「この失敗があったからこそ気づきを得て成長できた」といった話をよく聞きます。私自身、訪問もテレアポも接客もダメで、完全に営業活動に行き詰まったからこそ〝営業レター（文章で売る）〟を考え出すことができました。当時の一番の悩みが後の大きな武器になったのです。

逆境こそあなたの進化のチャンスになる。

そう考えれば、最悪の状況もポジティブに捉えられます。

POINT

ピンチの時こそ「よし、これはチャンスだ」とニヤリと微笑む

83

結果に対してはプラス思考、時間はマイナス思考

★☆☆

トップ営業スタッフは基本的にプラス思考の人が多いです。マイナスなことがあっても「いろいろあるけど何とかなるさ」と前向きに考えます。特に〝すでに出てしまった結果〟に対してはプラスで捉えます。

例えば、全力を尽くした上で〝四半期の目標が1000万円に対して600万円で終わった〟としましょう。反省するべき点を反省したら「600万円もできたじゃないか。次頑張ればいい」と前向きに考えるのです。どんな結果になったとしても「やることはやったんだ、これでいい」と捉え、その中でプラスの部分を見つけて納得します。その方が精神衛生上も好ましいです。

しかし、トップ営業スタッフもすべてのことをプラスで考えるわけではありません。時間に関しては〝マイナス思考〟で考えています。時間に対して「まあ、このくらい

で大丈夫だろう」とプラスに考えている人は、遅刻しがちになるものです。

お客様のところに伺う、もしくは商談に向かうなど、そこへ向かう際のトラブル、不測の事態（渋滞、電車が止まる）、お客様からの緊急の連絡など、途中で何が起こるか分かりません。実際、ギリギリに向かうときに限って、何か起こったりするものなのです。そうならないために、**時間についてはいろいろと保険をかけている「もしこんなことが起こったら困る」といったようにマイナスで考えている**のです。

時間に余裕がある時はほぼ何も起こりませんし、もし何か起こっても冷静に対処できます。こうしていい状態で商談に臨んでいるのです。

結果に対してはプラス思考、時間はマイナス思考。これをぜひ覚えておいてください。

POINT

時間に関してはいろいろ保険をかけて考える

84

考え過ぎて行動できない人の解決策

★★★

あなたが上司から明らかに生産性のない仕事を頼まれたとします。こういった納得できない仕事はやる気が出ず、後回しにしがちです。

そんな時こそ「午前中にこの仕事をやります！」と上司に宣言するのです。**宣言したことでやらざるを得なくなり、強制的に取り掛からなくてはなりません**。これで面倒な気持ちが吹っ飛び、不思議とやる気も湧いてくるのです。

世の中には、頭が良くていろいろ知っているのに行動できない、といった人がいます。考えすぎてなかなか動けない人は、宣言効果を活用することをおススメします。

相手は誰でもいいので「○○中にこれをやる！」と宣言してみましょう。

ポイントは〝いつまで〟と期限を決めることです。期限を決めることで自然に体が動くようになるのです。いつもギリギリか少し期限を延ばしてもらっている、という人こそ、宣伝効果をご活用ください。それも前倒しで宣言するとさらに効果的です。

例えば、5日後が締め切りの仕事でしたら「その仕事ならば3日もあればできます」と宣言するのです。こう言ってしまえば、すぐに手を付けなくてはなりませんから、グズグズしていられません。結果、期限の半分の時間でいいものが仕上がったりするのです。

自分で宣言したのであれば反発はありません。

ダラダラ時間をかけて嫌々仕事をするより、集中して最短で終わりにした方が気分はいいものです。その方がいい内容になり、会社の人やお客様からの評価も俄然高くなります。

宣伝効果をうまく使い自分を盛り上げてください。

POINT

嫌な仕事こそ前倒しで宣言する

85

強制的にやる気を出す
〝恐怖モチベーション〟の活用法

★★☆

おしりに火がついた営業スタッフが突然やる気になることがあります。恐怖によって行動力が上がることを「恐怖モチベーション」と言います。営業スタッフであれば、さまざまな不安を持ちます。「契約が取れなくなったらどうしよう」「いつまでこの仕事を続けられるのだろう」というような思いに襲われるものです。

ここで逆転の発想です。こういった**ネガティブな感情を「結果を出すために必要な恐怖なんだ」と考える**のです。モチベーションは日本語にすれば原動力です。

プラスでもマイナスでも、モチベーションはモチベーションです。しかも恐怖のモチベーションから生まれる力は、大きなエネルギーを持っています。

私自身も経験しましたが、プラスのモチベーションより恐怖からくるモチベーションの方が身が引き締まり気合が入ります。「ノルマをクリアできれば表彰される」より「今月ゼロだったらクビだ」という方がよりムチが入るということです。

しかし、この恐怖のモチベーションには欠点があります。それは〝恐怖の状態〟から抜け出した途端に、モチベーションが下がるということです。少し結果が出たら緩んでまた元のダメな自分に戻っていたものです。

そうならないために、**初速では恐怖モチベーションを使い、結果が出始めたら前向きなモチベーションに変える**ことが大切です。

初めは「この地獄から何とかして抜け出す」から始め、その後「お客様にとって価値ある存在でい続けたい」という前向きなモチベーションに変えていくといいのです。やる気に火をつけるために恐怖モチベーションを利用し、そして徐々に健全なモチベーションに変えていきましょう。

POINT

恐怖モチベーションの取り扱いに注意する

86

短時間でスランプから抜け出す方法

★★☆

営業スタッフ時代、ひとつの失敗商談からスランプに陥ったことがありました。契約が取れない日々が続き、精神的にも追い込まれ、体調まで悪くなったのです。

そんなある日のこと、過去に私が担当させていただいたオーナーのＡさんとばったりお会いしました。Ａさんは私の顔を見ると近づいてきて「菊原さんには本当に感謝していますよ」と言って、がっちりと握手をしてくれました。

この一言で「そうか、私はお客様に感謝される仕事をしてきたんだな」ということを思い出したのです。お客様の役に立つ行為にフォーカスできるようになります。それから一気にいい状態に戻りました。ちょっとした**お客様からの一言で悪いスパイラルから抜け出すこともよくある**のです。

私の知人で、生保のトップ営業スタッフも「ちょっとでも不調を感じたらご契約いただいているお客様に電話する」と言います。３人のお客様に電話すれば、どんなスランプでも抜け出せると言っていました。実際の**お客様からの温かい言葉ほど勇気づけられるものはありません**。こうして常にいい状態に戻すようにしているというのです。

トップ営業スタッフはいちはやくスランプから抜け出す手段を用意しています。その一つが、ご契約いただいたお客様と話をすることです。

もし、まだ担当のお客様がいなくても〝あなたのことを評価してくれる人〟がいるはずです。それは、上司かもしれませんし、同僚かもしれません。まったく仕事とは関係ない友達だっていいのです。

その人たちに自分のいい点を言ってもらいましょう。たった一言で何か大切なことを思い出すこともよくあります。

POINT

困った時は自分を評価してくれる人に助けてもらう

87

ベタだけど効果がある"これやったらご褒美"

★☆☆

営業活動をしていれば、やる気が出ない日もあります。お客様のところへ訪問しても断られそうだし、テレアポも気分が乗りません。だからといって提案書を考えたり、書類をまとめたりする集中力もない……。そんな日は困るものです。

だからと言ってこの状態で無理やり仕事をしても、まずうまく行きません。「じゃあ今日はサボろう」と無駄に過ごせば、その夜に間違いなく罪悪感に襲われます。

そんな時におススメな方法があります。それは**自分にご褒美を設定する**ことです。

- この書類をまとめたらコーヒーとチョコを食べる
- 3件電話したらネットニュースを見る
- 5件メールを送ったら仲間と5分雑談する

ベタな方法ですが非常に効果的です。このように手軽にできることを設定し、簡単にクリアできるようにしておきます。些細な仕事だとしてもその一つの仕事をきっかけにやる気が出ることもよくあるのです。

また、その仕事をクリアしたら「よし書類をまとめたぞ。よくやった！」と自分を褒めてほしいのです。周りに人がいなければ、声に出して自分を褒めるとさらに効果的です。たった一つの行為が呼び水となり、一気にモチベーションが上がることもよくあります。

まずは簡単にできる仕事を一つ探して、ご褒美を設定してください。そして**一つ仕事をクリアしたら思いっきり自分を褒めましょう**。たったそれだけで満足感を得られ、モチベーションは上がっていきます。

POINT

「よし！　いい仕事をしたぞ」と自分を褒める

88

朝から一気にモチベーションを上げるワザ

★☆☆

優秀な営業スタッフは仕事を始める際、いろいろ工夫してモチベーションを上げています。

基本的に多くの営業スタッフはマイナス思考です。いろいろな仕事がある中どうしても「あぁ、今日もクレーム対応かぁ……」と真っ先にネガティブなことにフォーカスしてしまいがちになります。私自身も朝から「あぁ、あれやりたくないなぁ」などとマイナスのことばかり考えていました。これではモチベーションは上がりません。

気持ちよく仕事するためには毎朝いいスタートを切りたいものです。そこで**〝いいことリスト〟を作成すること**をおススメします。手帳に書いてもいいですし、スマホのメモに入力しても構いません。書く内容はとにかく見ただけでモチベーションが上がるものにしてください。契約が取れたのであれば〝○○様とご契約！〟とリストに書きます。その他にも思いついたことをリストアップします。

モチベーションアップリスト

- お客様から褒めてもらった
- スタッフが協力してくれた
- 上司から評価された

仕事だけでなく〝SNSの「いいね！」がたくさんついた〟とか〝体重が3キロ減った〟といったことでもいいのです。寝る前に2つか3つ書き出してください。そして翌朝、それを真っ先に見てください。

たったこれだけで、朝からモチベーションは上がっていくものです。

POINT

手帳かスマホに〝いいことリスト〟を作成する

89

自宅で営業をする際のモチベーションの上げ方

★☆☆

今はリモート営業を併用する会社が増え、会社に出勤せず自宅で営業活動をする人も増えました。リモート営業はたくさんのメリットがあります。

まずは通勤時間が仕事に使えるということです。

私が考える**一番のメリットは仕事中〝いつでも声を出せる〟**ということです。声を出すと気持ちが高まりますし、なにより営業活動へのモチベーションが上がります。

ほとんどのスポーツでは、声出しをやっています。野球でも「バッチこい」と言ったり、いいプレイには「ナイス！」と言ったりします。声出しをすることで気持ちが盛り上がります。

声出しの効果を自宅の営業活動で活用します。一人で黙々と仕事をしていてもなかなか気持ちが上がってきません。特に契約が取れないときはなおさらです。仲間とも雑談もできないので、リフレッシュしにくいのです。

そこで、営業でうまく行ったら「やったぞ！」と声を出して喜ぶのです。またちょっとした仕事が終わったら「よし！　一つ終わったぞ」と声を出して軽くガッツポーズをします。これは想像以上に効果があります。

他にも「やったぞ！　アポイントがとれた」「いい調子だ。今日は仕事が早いぞ」「これはいいことが起こりそうだ」などなど、心の中で思うだけでなく実際に声に出していくのです。

リモート営業のモチベーションを上げるために意識的に声を出して自分を盛り上げてください。

POINT

営業の声出しフレーズを考えておく

90

モチベーションアップ用の運動メニューを考えておく

★★☆

心と体は密接に結びついています。ここでフィジカルの面からモチベーションを上げるためのコツを紹介します。方法はモチベーションが上がる運動のメニューを作っておくということです。

モチベーションや精神状態というのは、体温や心拍数に比例していると言われています。気持ちが沈んでいる時、やる気が出ない時があるでしょう。そんな時は強制的に体を動かして、体温や心拍数を上げていきます。その心拍数に比例してモチベーションを上げることができるのです。

運動して、体温や心拍数が上がった状態では、「あぁ、なんだか落ち込んできた……」という気持ちにはなりにくくなります。これを営業活動で応用するのです。

営業で失敗しお客様からきつく断られたとします。そこで背中を丸めて下を向きながら「はぁ〜」とため息をついたらどうでしょうか。ますます落ち込むことになってしまいます。こんな時のために〝お客様から断られたらスクワット20回〟と決めておき、体を動かすのです。

スクワットに限らず腕立て、腹筋、ダッシュなど何でも構いません。運動をしている間は頭の中が空っぽになりますし、終わった後は自動的に気分が晴れて、モチベーションが上がっていくことを実感できます。

会社で営業しているのでできないという人は〝断られたら深く3回深呼吸する〟というものでも構いません。

営業で気分が落ちた時用のルーティーンを用意しておく。ぜひ参考になさってください。

POINT

失敗したらやることメニューを用意しておく

できる営業心理学テク

モチベーションが上がらないと嘆く人に“やる気スイッチ”が入る方法を伝授

どんな人にも分け隔てなく平等に与えられているモノがあります。「時間」です。ただし、人が生きる上で死ぬまでに残された時間は、人によってさまざまです。あなたが死ぬまでに自分のことに使える時間、仕事に使える時間は、どれくらいでしょうか？　いろいろな計算方法があるようですが、結果を知ると「意外と少ない」「あまり時間がない」と気づかれる人が大半です。自分に残された時間を考えると、本当に貴重なものだと感じるはずです。

⇨自分に残された「時間」を意識するとやる気になる!?

人は、経験的に手に入りにくいものを基準として価値を判断します。それを「希少性の原理」といいます。自分の仕事人生の時間が少ないと知ったら「希少性の原理」が働いて、もたもたしている時間はないと感じ、やる気が起きると思いませんか？　仕事へのモチベーションが上がらないと嘆いている暇もありません。人は死ぬときに「もっと挑戦すればよかった」と後悔するそうです。残りの生命時間を意識した時、「1日1日を無駄にしないようにしよう」と熱い気持ちが湧き上がってくるはずです。そのとき、やる気スイッチがバチッと入りますよ。

10章

売れ続けるための考え方・習慣

91

一瞬にして最高の状態にもっていく〝アンカーリング〟

★★☆

心理術の一つに「アンカーリング」というものがあります。船の錨（アンカー）から名付けられたもので、ある特定の体験に対して条件付けし、その体験をすぐに引き出せるようにすることです。このアンカーリングをうまく活用すると一瞬にして心身を最高の状態にもっていけるのです。

多くの営業スタッフは「なかなか結果が出ない」と悩んでいます。一方で、普通の実力なのにトップクラスの結果を出す人もいます。その違いは集中力の差と言えます。結果を出す人は〝ここがポイントだ〟というところで集中力を高め実力を発揮します。苦戦している人は肝心なところで注意が散漫になり、ケアレスミスを起こします。そして実力を出せないまま終わってしまうのです。

結果を出している人は〝自分の力を発揮できる状態〟を引き出すための〝オリジナル・アンカー〟があり、それを利用しているのです。プロスポーツ選手なども最高のパフォーマンスを発揮するために、自分だけのルーティーンを持っています。緊張する場面でそれを行い、心身ともに最高の状態になるようにしているのです。

そこで、営業活動で集中力を発揮するために〝商談に入る前に○○をする〟というルーティーンをつくることをおススメします。勇気の出る言葉を言うというのでもいいですし、好きな音楽を聞くのでもいいと思います。何かをポケットに入れておいてそれを触る人もいます。

あなたも「これをすると集中力が高まる」といったものがあると思います。大切なポイントで集中力を高められれば、自然に結果が出るようになります。

POINT

集中力が高まるツールを用意しておく

92

感謝は思っているだけでなく必ず形にする

★★☆

心理術に「返報性の原理」というものがあります。人から受けた好意に対し、それと同等のお返しをしたいと感じる心理のことです。

この**返報性の原理の感覚がズレている人は、だんだんと距離を置かれ、誰からも相手にされなくなります。**

以前に、感謝を忘れた営業スタッフが何人かいましたが、見事に職場から消えました。

私自身もダメ営業スタッフ時代「急ぎで申し訳ありませんが、今日中に見積を出してください。ぜひお願いします！」とスタッフに無理を言っていました。頼むときは必死です。しかし、やってもらった後はどうだったか……。必死に頼んだにもかかわらず、〝喉元過ぎれば〟で、その御恩を忘れてしまいます。そのときはお礼メールの一本も送らなかったのです。

感謝していなかったわけではありません。心の中では「いつもありがたい」と思っていたものの、それを伝えていませんでした。これでは相手に伝わらず「恩知らずの奴だ」と思われてしまいます。こうして周囲のスタッフたちからそっぽを向かれるようになったのです。本当にバカなことをしていたと思います。

私が尊敬していたトップ営業スタッフは、感謝をきちんと表現する人でした。頼んだ後は手厚くお礼をします。直接会ってしっかり顔を見てお礼を伝えたり、ランチをおごったりとしていました。だからこそ周りのスタッフは「次も喜んで引き受けたい」という気持ちになるのです。

一匹狼で長く活躍した人はいません。常に感謝を形にして伝え、そして味方をどんどん増やしてください。

POINT

手厚くお礼をすれば次も喜んで手伝ってくれる

93

長期的に結果を出す営業スタッフの特徴

★☆☆

営業スタッフについての問題です。どちらが長く活躍できるでしょうか？

A　お客様に優しく、スタッフにも優しい人
B　お客様には優しいが、スタッフには厳しい人

もちろん答えはAです。これには例外がありません。

結果を出す営業スタッフでも立場の弱い人につらく当たる人がいます。後輩、スタッフ、下請けの会社などの方たちに上から目線でものを言い、顎で使います。それで確かに短期的には結果を出すこともあります。しかし、そういった営業スタッフが長期間いい成績を残しているという話は聞いたことがありません。

始めこそスタッフや下請けの会社の方たちは我慢して言うことを聞くでしょう。し

かし、知らず知らずのうちに敵を増やします。だんだんと「ちょっとその日だけ難しくて」と体よく断られるようになります。そして気づいた時には誰一人協力してくれなくなるのです。どんな営業職だとしても、まわりが敵ばかりになれば結果など出し続けられないのです。

長期間トップクラスの成績を継続している人は、立場の弱い人にこそ優しく接しています。ですから、周りの人から気持ちよく協力してもらっているのです。

お客様の前だけいい顔をしていても、裏で威張り散らしているのは雰囲気で伝わってしまいます。お客様にもバレるのです。

お客様にもスタッフにも優しくできる人だけ、長期で売り続けることができます。

POINT

お客様にだけ優しくしても長くは続かない

94

思わず嫉妬してしまうライバルの対処法

★★★

どんなにいい人でも少しは〝他人への嫉妬〟はあるものです。口では「やるじゃないか」と言いながら、心では「チクショウ、何であいつが……」と思ったり、さらには「トラブルになればいい」などと思ったりするものです。

しかし、うまくいった人に対して悪く思えば、潜在意識に〝うまくいかない方がいいんだな〟と悪い刷り込みをしてしまいます。

私は20代のころ自己啓発の本で「潜在意識は人称（私、あなた、その他）を認識できない」と書かれていたのを目にしました。つまり、〝アイツが失敗しろ＝自分が失敗しろ〟ということになります。この事実を知って恐ろしくなったことを今でも覚えています。

嫉妬心は、自分にとって良くないと思っていたものの、どうにもならずに苦しんでいました。そんな私が体で覚えてきた〝嫉妬心を軽減するためのテクニック〟を紹介します。

それは、**ライバルについて少しだけ褒める**ということです。

始めこそ難しく感じますが、やってみるとだんだん慣れてきます。直接、本人に伝えなくても構いません。家族でも友人でもいいので、ムカッとくるライバルについて「知り合いの◯◯さんは、結構やる人なんだよ」と話をします。こう話した瞬間、スッと悪い嫉妬心が消えていくのです。

始めのうちは「あの人はそんなに嫌いじゃない」といった一言から始めてください。とにかく嫉妬してしまうライバルについてポジティブに発言してみましょう。それがあなたの潜在意識にいいイメージとして刷り込まれます。

気づけばライバルと同じような結果が出るようになるのです。

POINT

ライバルのいい部分を人に話してみる

95

営業成績は健康な体から生まれる

★★☆

トップ営業スタッフは〝体が資本〟ということを理解しています。

一方、苦戦している営業スタッフは体調管理を軽視しています。健康は二の次でいつも後回しにします。これではいくら頑張っても結果は出ません。

という私も、ダメ営業スタッフ時代は万年寝不足の二日酔いで最悪のコンデションでした。この状態でいい仕事ができるわけがありません。うまくいかないからストレスが溜まり、それをアルコールで解消しようとします。私はこうして泥沼にはまっていきました。

先日、お会いした新人営業スタッフは「入社して1、2年はやる気に満ちていましたが、最近は気持ちが落ちています」と言っていました。そのスタッフは親元から離れ一人暮らしを始めています。どうしても食事が適当になり、徐々に体調がすぐれなくなります。普段ではしないような凡ミスを繰り返し、取れる契約も落としてしまうことも増えます。生活習慣をおろそかにすると、悪いスパイラルに巻き込まれてしまうのです。

営業で結果を出すために本を読んだりセミナーに参加したりするのは素晴らしいことです。しかし、それ以上に結果の出る方法は体のコンディションを整えることなのです。

悪習慣をやめ、いい習慣を身につけるようにしましょう。軽い運動でもいいですし、体にいい食品を食べるのでもいいです。営業の結果は、体のいいコンディションから生まれます。これは間違いありません。一つでもいいので、ぜひ今日から体にいい習慣を始めましょう。

POINT

何か一ついい習慣を身につける

96

これからの営業スタッフはクイックレスポンスが必須

★★☆

日進月歩で、日々情報のスピードが加速しています。ついさっき起きたであろう事件が、手にしたスマホのＳＮＳですぐに拡散されたりします。

これは人とのコミュニケーションでも言えます。メッセージを送れば、その場で返信されることも当たり前になりました。少し前まで〝仕事相手にメールを送って２日くらい返事を待つ〟なんてこともありました。そんなことはすごく昔に感じます。今やそんなのんびりしたやり取りは少なくなったものです。

世間は格段にスピードアップしていますが、プライベートの付き合いでは、まだ昔ながらのスピード感の人もいます。レスポンスが悪く、ワンテンポ遅れたりします。少し前までこの手の人とも付き合っていましたが、今は疎遠になっています。

これは営業の世界でも同じです。お客様からの問い合わせに気がつかず返信が遅れれば、あっという間に他社に奪われてしまいます。もうスローレスポンスの人は生き残れません。

知人の広告会社の営業スタッフの方は、デジタルツール（ライン、メッセンジャー、チャットワークなどなど）を使いこなし、すぐに対応します。お客様からの問い合わせに、1分以内でレスポンスするのです。もちろんダントツの営業結果を出しています。

営業活動もスピード時代に突入しました。しかもどんどん加速していきます。ちょっと厳しい事実ですが、これからはクイックレスポンスの人が勝ち残っていくのです。

POINT

最新ツールを使いこなして即レスを心がける

97

自分の利益ではなく、お客様の利益を優先する

★★★

人口減で消費者の数が減っています。そのうえ、ライバルが増えているのですから、売るのは簡単ではありません。売り手のほとんどが「チャンスがあればできる限り儲けよう」と思うのは当然の心理です。

以前、仕事用のパソコンを買いに行った時のことです。そこで対応してきた店員さんは、高価格で高性能の商品を勧めてきます。細かい機能を必要としていない私は「そんなに機能があっても使いこなせませんし、シンプルで動きがいいものがいいと思っています」と伝えます。しかし、店員さんは「そうかもしれませんが、どうせ使うならこの機能があった方がいいですよ」とゴリ押ししてきます。私はさすがにうんざりしました。買う気でお店に行ったものの、買わずに帰ってしまいました。

無理やりでも高額のものを売りつければ、一時的に成績は上がるでしょう。しかし、

必要のないものを売りつけようとすれば、買おうとしているお客様でさえ逃がしてしまうことになるのです。お客様から「この営業スタッフは自分のことしか考えていないな」と思われれば、すぐに相手にされなくなります。

逆に、お客様の利益を最優先してくれる営業スタッフならどうでしょうか。先ほどのパソコンであれば「シンプルでスピードが速いタイプでしたらこちらがお勧めです。コスパもいいですし」と教えてくれたら、即決したでしょう。こういった一言が言えるかどうかが、売れる営業スタッフとダメ営業スタッフの分かれ道になるのです。

今はモノが売れない時代です。**こんな時こそ、自分の立場ではなく、お客様の利益を最優先してください**。その気持ちがお客様に伝わるようになったとき、営業成績はじわじわ上がっていきます。

POINT

「このお客様とは長期で付き合う」と考える

98

★★☆

ワークライフバランスを保ちながら結果を出す

いつも忙しくバタバタと働いているトップ営業スタッフがいます。お昼を食べ損なうことも日常茶飯事。移動中やご飯を食べている時でさえ、ハンズフリーで電話をしています。見ているだけで「かなりストレスがたまっているだろうな」と感じます。休みの日は昼まで寝て過ごすそうです。仕事以外の人との付き合いはなく、趣味もほぼないのです。

こんな感じで結果が出ているとしても、長くは続きません。体を壊すか、燃え尽き症候群になってしまいます。実際、このスタイルで結果を出している人は、短命で終わります。

一方、ワークライフバランスを保ちながら結果を出す人もいます。知人のAさんは長期間トップの成績を残しています。仕事だけでなく日常のさまざまなところに楽しみを持っています。

Aさんはカフェやおいしいお店にも詳しくグルメです。仕事が早く終われば、社外の人と会いコミュニケーションをとります。完全に週休二日で、家族と趣味の時間に充てると言います。スポーツから芸術系まで、たくさんの楽しみを持っているのです。

Aさんと会うたびに「だからこそ長年トップでい続けることができるのだろうな」と感じるのです。それはお客様からも同じで「Aさんと話をするのが楽しみだ」と思われています。だからこそ結果を出し続けることができるのです。

長期で活躍するトップ営業スタッフは、仕事も楽しんで行い、他のこともしっかりと楽しんでいます。

あなたも日常に楽しみをもちながら、仕事をするようにしてください。

POINT

仕事以外の楽しみを最低一つもつ

99

いいお客様とよく巡り合う幸運な人がやっている習慣

★☆☆

長期で活躍している人の話を聞くと「偶然いい話をもらってね。ラッキーだった」というものが出てきます。それはただ単に運が良かっただけなのでしょうか？　そんなことはありません。しっかり、チャンスが生まれるような習慣を身につけているからなのです。

私の住んでいる地域に農家の物産店があります。そこで、知人がフルーツを出していました。問題は認知度が低いことです。他にも負けないクオリティにもかかわらず、売り上げは伸びていませんでした。

そこで知人はインターネットや地域新聞で広告を載せるようにしました。その試みはいいのですが、問題はお金がかかることです。費用対効果が悪く、やればやるほど赤字になり、経営に行き詰まってきてしまったのです。

相談を受けた私は「人と会ったら〝こんなフルーツを作っているんです。今度食べに来てください〟と伝えてください」とアドバイスしました。これなら費用もかかりませんし、手軽にできます。その後、じわじわと口コミが広がり、今や人気のフルーツになったのです。

あなたが金融関係の営業をしているならことあるごとに「お金のことならなんでも相談してね」と声をかければいいのです。**セールストークは嫌われますが、3秒の声かけなら問題ありません**。

どんな営業職であっても、何かしら告知できることはあります。**一言で伝えられる簡単な声かけフレーズを考えておいてください**。どんなところにチャンスが転がっているか分かりません。

機会がある限り、自分の仕事を常に伝えるようにしましょう。

POINT

売り込みではなく挨拶として声かけフレーズを伝える

100

ピグマリオン効果で売れる営業スタッフになる

★★☆

心理術に「ピグマリオン効果」というものがあります。これは〝教師の期待によって生徒の成績が向上する〟といった心理のことをいいます。要するに、ある生徒に「君はできる」と言い続ければ本当に成績が上がっていくということです。

ピグマリオン効果は、効果がある分、取り扱いに注意する必要があります。マイナスに働いた場合は絶大なるダメージを受けてしまうのです。

友人のAくんは、2人の息子に対して昔から「うちの子はダメなんだよ」と口癖のように言っていました。きっと謙遜していたのでしょう。日本人のいいところでも悪いところでもあります。こういった自己暗示は本当に怖いもので、今現在2人の息子は結果を出していません。

友人のBくんは、Aくんとは逆に、子どもたち3人に「お前たちはできる」と言い続けました。周囲にも「うちの子たちは結構やるんだ！」と言っていたのです。ちょっと親バカなところもありましたが、今、子どもたち3人は、立派に成長しています。

ピグマリオン効果は自分自身にも使えます。現状で成績が上がらず苦戦したとします。そんな時、自分に対して「今は多少苦戦しているが、これが糧となって結果が出る」と希望が持てる言葉をかけてください。すると、必ず調子は上向いてきます。

また、ことあるごとに「どんどん良くなっている、これから期待できるぞ」と自分を信じるようにしてほしいのです。すると、気持ちも明るくなりますし、本当にいい未来がやってくるのです。

ピグマリオン効果を利用して売れる営業スタッフになってください。

POINT

ピグマリオン効果は他人にも自分にも効果的

おわりに

■会社に感謝し、営業活動を楽しめる人に幸運は訪れる

時々、居酒屋で会社の愚痴を言っている人を見かけます。

気持ちは分かりますが、これをやっている限り幸運は訪れません。

営業の世界は、転職や出戻りも多くあります。出戻った人に話を聞くと「今の会社が嫌で辞めたのですが、転職先はもっと最低でした」と言います。

私の授業を受けた学生が、就職した会社を1年で辞めて転職したことがあります。彼は一度会社から離れることで、今までの会社の良さに気づきます。そして、なんとか頭を下げて元の会社に戻りました。それからは会社に対して何倍も感謝するようになり、一気に営業成績が上がったというのです。

人や会社に不満を持ったまま営業をしても、売れる営業スタッフにはなれません。いくら営業スキルを磨いても成績はよくならないのです。すべてとは言いません、今

の会社に対して感謝の気持ちを持って営業活動に臨んでください。感謝をすると営業自体が楽しくなってきます。そのうちに結果がついてくるのです。「営業すること自体が楽しい」と前向きにチャレンジする人には、必ず幸運が訪れます。

最後まで読んでいただきまして、ありがとうございます。一つでも参考にしていただき、楽しく結果を出してもらえれば、これ以上の幸せはありません。
あなたの成功を心より願っております。

追伸
いつも私の本を買ってくださる方、毎日ブログを読んでいただいている方、研修などをご依頼いただく企業様、心より感謝いたします。
最後に、家族へ感謝の言葉で締めさせていただきます。
いつも本当にありがとう。

菊原智明

菊原智明（きくはら・ともあき）

営業サポート・コンサルティング株式会社代表取締役
関東学園大学経済学部講師／一般社団法人営業人材教育協会理事
群馬県高崎市生まれ。群馬大学機械科卒業後トヨタホームに入社、営業の世界に入る。7年間、苦しい営業時代を過ごすが、お客様へのアプローチを訪問から営業レターに変えたことをきっかけに4年連続トップ営業となる。約600名の営業トップとなり、社のMVPを獲得。2006年に独立、営業サポート・コンサルティング株式会社を設立。現在は、経営者や営業向けのセミナー、研修、コンサルティング業務を行い、これまで15000名以上を指導。2010年より関東学園大学講師も務めている。主な著書に、『「稼げる営業マン」と「ダメ営業マン」の習慣』（明日香出版社）、『トップセールスが使いこなす！“基本にして最高の営業術”総まとめ　営業1年目の教科書』（大和書房）、『思考・行動・結果が劇的に変わる　営業力の基本』（総合法令出版）など。2024年までに約78冊を出版。ベストセラー、海外での翻訳も多数ある。

できる営業は1年目に何をしているのか？

2024年11月20日　初版発行

著　者　菊原智明
発行者　野村直克
発行所　総合法令出版株式会社
〒103-0001 東京都中央区日本橋小伝馬町15-18
EDGE 小伝馬町ビル 9階
電話　03-5623-5121
印刷・製本　中央精版印刷株式会社

ISBN 978-4-86280-969-8
総合法令出版ホームページ　http://www.horei.com/